Václav Klaus

Blauer Planet in grünen Fesseln

Was ist bedroht: Klima oder Freiheit?

Carl Gerold's Sohn Verlagsbuchhandlung

Václav Klaus

Blauer Planet in grünen Fesseln

Was ist bedroht: Klima oder Freiheit?

Inhaltsverzeichnis

Vorwort

Wir leben in einer sonderbaren Zeit. Das lässt sich allein schon daran erkennen, dass ein außerordentlich warmer Winter – ohne Berücksichtigung langfristiger Trends wie etwa, dass im ganzen 20. Jahrhundert ein durchschnittlicher Anstieg der Erdtemperatur um 0,6 °C registriert wurde – ausreicht, bei einigen Leuten weit reichende Erwartungen zu wecken, auf deren Grundlage passende Vorschläge hinsichtlich radikaler Maßnahmen gemacht wurden, um bezüglich des Klimas etwas, und das gerade jetzt, zu unternehmen.

Ein Ereignis folgt auf das nächste. Im Laufe der letzten Monate kam Al Gores nur scheinbar dokumentarischer, bezeichnenderweise allerdings mit einem Oscar ausgezeichneter Film in die Kinos, wurde der sogenannte Stern-Report veröffentlicht, der auf Anregung des britischen Premiers Tony Blair erstellt worden war, und es wurde eine – eher politische als fachkundige – Zusammenfassung des vierten Sachstandsberichts des Zwischenstaatlichen Ausschusses für Klimaänderungen (Intergovernmental Panel on Climate Change, IPCC) der UNO veröffentlicht. Überraschenderweise eine Reihe von Monaten vor der Veröffentlichung des eigentlichen Berichts. Die Latte der politischen Korrektheit wurde – wie es scheint – schon definitiv, und das recht hoch, gelegt, und erneut wurde uns die einzig zulässige Wahrheit aufgedrängt. Alles andere wird als inakzeptabel bezeichnet. Der britische Umweltminister hat vor Kurzem sogar gesagt, dass, ebenso wie die Medien Terroristen keine Plattform bieten dürften, auch Skeptiker nicht das Recht haben sollten, im Fernsehen gegen die globale Erwärmung aufzutreten. In der Geschichte der Menschheit ist etwas Derartiges nicht das erste Mal der Fall.

Ich stimme dem Schriftsteller Michael Crichton zu, wenn er sagt, dass „die größte Herausforderung, der sich die Menschheit stellen muss, jene Aufgabe ist, die Realität von der Fantasie und die Wahrheit von der Propaganda zu unterscheiden. Vor allem in unserem Informationszeitalter (das ich vielmehr als Ära der Desinformation sehe) ist dies außerordentlich zwingend und wichtig"[1]. Das vorliegende Büchlein bemüht sich, dazu einen Beitrag zu leisten.

Die globale Erwärmung wurde in der letzten Zeit zu einem Symbol und letzten Endes zum Prototypen des Konflikts zwischen Wahrheit und Propaganda hochstilisiert. Es wurde eine politisch korrekte Wahrheit postuliert, gegen die zu opponieren nicht einfach ist, obwohl eine nicht geringe Anzahl von Personen, unter denen sich auch Spitzenwissenschafter befinden, die Problematik der klimatischen Änderungen, ihrer Ursachen und Folgen völlig anders sehen. Sie fürchten das arrogante Auftreten der Verteidiger der Hypothese über die globale Erwärmung und weiters die von ihr abgeleitete Hypothese, welche die globale Erwärmung in einen Zusammenhang mit konkreten Tätigkeiten des Menschen stellt. Sie fürchten sich vor den Folgen, die das für uns alle haben wird.

Die Verteidiger und Anwälte dieser sehr strittigen Hypothesen sind in der Mehrzahl Wissenschafter, die von der Erforschung dieses Phänomens – finanziell und durch wissenschaftliche Anerkennung – profitieren, und zusammen mit ihnen Politiker (und die zu ihnen gehörenden „fellow travellers"), die darauf – infolge Fehlens anderer, für sie politisch attraktiver Themen – ihre politische Karriere aufbauen. Ich sehe das ebenso wie der bekannte holländische Physiker Hendrik Tennekes, der diese Ansichten bereits im Jahr 1990 heftig kritisiert hatte und der es gerade jetzt als erforderlich ansah, seine Stimme erneut zu erheben. Er erklärt dies damit, dass zwischen den Jahren 1990 und 2007 ein grundsätzlicher Unterschied besteht: „Damals war ich unzufrieden, heute ärgere ich mich."[2] Über seine Wissenschaftskollegen, fügt er hinzu. Ich füge hinzu, dass wir uns auch über einige Politiker und weitere Meinungsbildner ärgern müssen.

Er zitiert S. H. Schneider (seinerzeit Dekan an der Harvard University), der schon im Jahr 1976 den folgenden Gedanken formulierte: „Wissenschafter dürfen sich angesichts der politischen Folgen öffentlich publizierter wissenschaftlicher Theorien keine Naivität erlauben. Wenn ihre wissenschaftlichen Ansichten politisches Potenzial haben, dann haben sie die Pflicht, ihre politischen Prämissen – und jene ihrer Werte – darzulegen, und sie müssen gegenüber sich selbst, gegenüber ihren Kollegen und gegenüber ihren Lesern angesichts dessen ehrlich sein, inwiefern diese ihre Prämissen ihre wissenschaftliche Arbeit beeinflussen."[3] Das ist die Hauptthese für meine ganze folgende Diskussion.

Ich bin der gleichen Auffassung wie Professor R. S. Lindzen vom Massachusetts Institute of Technology, der vor Kurzem schrieb: „Die nachfolgenden Generationen werden sich mit einigem Vergnügen darüber wundern, dass am Beginn des 21. Jahrhunderts in der hoch entwickelten Welt wegen der globalen Erhöhung der Durchschnittstemperatur um einige Zehntelgrad Panik ausgebrochen ist und die Menschen aufgrund der kolossalen Übertreibung von sehr unsicheren Computermodell-Simulationen erwogen haben, vor das Industriezeitalter zurückzukehren"[4].

Genau davon handelt mein kleines Buch, das in den ersten drei Monaten des Jahres 2007 quasi als Nebenprodukt meiner „Vollbeschäftigung als Staatspräsident" entstand und welches deshalb eher zitiert als eine eigenständige Untersuchung darstellt. Ich stütze mich auch auf nichts anderes als auf laienhafte Kenntnisse der Naturwissenschaften, was ich jedoch nicht als Handicap erachte. Die Problematik der globalen Erwärmung ist nämlich mehr eine Angelegenheit der Gesellschaftswissenschaften als eine der Naturwissenschaften. Es geht mehr um den Menschen und um seine Freiheit als um die Veränderung der Durchschnittstemperatur um ein paar Zehntelgrad Celsius.

Kurz vor dem Abschluss der Arbeit an diesem Buch, Mitte März 2007, wurde ich vom US-amerikanischen Kongress eingeladen, für ein Hearing mit dem ehemaligen Vizepräsidenten Al Gore in Form von Antworten auf fünf Fragen eine gegenteilige Meinung vorzulegen. Meine Antworten führe ich in diesem Buch als Anhang an.

Ich möchte vielen Kollegen und Freunden für den „Feinschliff" meiner Theorien in dieser Angelegenheit danken. Für mich waren vor allem die Gespräche mit Jiří Weigl und Dušan Tříska (und ihre Bemerkungen zum Text) und der E-Mail-Kontakt mit Dr. Luboš Motl von der Harvard University sowie mit Prof. Fred Singer von der University of Virginia von großer Bedeutung.

Auch ich – als Zeuge der heute weltweit geführten Debatte – möchte sagen, dass ich nicht nur unzufrieden bin, sondern dass ich mich bereits ärgere. Darum dieser Text.

25. März 2007

Kapitel 1

Definition des Problems

Über die Umwelt spreche und schreibe ich zwar schon lange und wiederholt, wenn auch etwas unsystematisch. Schon länger beabsichtige ich daher, der Öffentlichkeit meinen komplexen Standpunkt zur heutigen, so erregten und so unfair wie irrational geführten Debatte über die Umwelt und vor allem über die globale Erwärmung vorzulegen, weil ich mit Beunruhigung verfolge, dass sich dieses Thema mehr und mehr zum grundsätzlichen ideologischen und politischen Konflikt unserer Gegenwart entwickelt, selbst wenn es – und das möchte ich mehr als nur betonen – unzweifelhaft ein Ersatzthema ist.

Es zeigt sich nämlich, dass der gegenwärtige Konflikt um die Freiheit des Menschen – erneut erinnere ich daran, dass es sich nicht um einen Konflikt um die Umwelt handelt – gerade mit diesen Themen oder, genauer gesagt, mithilfe dieser Themen geführt zu werden beginnt. Das gilt zwar weit mehr hinsichtlich der sogenannten hoch entwickelten und ohne Zweifel relativ sehr reichen Welt als in Bezug auf die weniger entwickelte (und ärmere), wo die Menschen mehrheitlich andere (und weniger hochgesteckte) Sorgen haben. Es besteht kein Zweifel daran, dass gerade die ärmeren Länder in diesem Konflikt, der nicht der ihre ist, zu Opfern werden können. Sie werden zu Geiseln der Environmentalisten, jener „Umweltschützer", die eine Verlangsamung des menschlichen Fortschritts zu einem unermesslichen Preis vorschlagen. Die größten Opfer werden aber gerade die Ärmsten bringen müssen. Dazu kommt noch, dass diese ambitionierten Maßnahmen beinahe keinen signifikanten Effekt erzielen werden. Sehr schön formuliert das Bjørn Lomborg, nämlich dass die Umsetzung aller (gehörige Kosten verursachenden) Empfehlungen von Al Gore nur dazu führen würde, dass – insofern die heutigen katastrophischen Szenarien der Environmentalisten überhaupt eintreten – die an der Küste von Bangladesch lebenden Menschen wegen des avisierten Anstiegs des Meeresspiegels nicht im Jahr 2110, sondern erst im Jahr 2115 ertrinken![1] Daher ist er – ebenso wie ich – davon überzeugt, dass wir etwas völlig anderes machen sollten, etwas, das einen wirklichen Beitrag leisten würde.

*Ist es nicht die einzige Hoffnung des Planeten, dass
die industrialisierte Zivilisation zusammenbricht?
Ist es nicht unsere Pflicht, das umzusetzen?[2]*

Maurice Strong, Stellvertreter des UNO-Generalsekretärs

Gleich zu Beginn meiner Überlegungen möchte ich sehr deutlich meine Übereinstimmung mit den Ansichten der klassischen Liberalen, jener vielleicht schon zum Aussterben verurteilten Art von Menschen, zu dieser Problematik zum Ausdruck bringen. Sie haben völlig recht damit, dass die größte Ursache der Bedrohung von Freiheit, von Demokratie, von Marktwirtschaft und der wirtschaftlichen Prosperität am Ende des 20. und am Beginn des 21. Jahrhunderts nicht der Sozialismus ist (und 17 Jahre nach der Samtenen Revolution überhaupt nicht seine extremste Form, die wir am eigenen Leib als Kommunismus erlebt haben), sondern dass die heutige Bedrohung eine ambitionierte, sehr arrogante und beinahe skrupellose Ideologie einer politischen Bewegung darstellt, die – ursprünglich bescheiden und vielleicht auch mit guten Absichten – mit dem Umweltschutz als Thema begonnen, sich aber mit der Zeit zum mit der Umwelt beinahe nicht mehr in Zusammenhang stehenden Environmentalismus gewandelt hat.

Diese ideologische Strömung wurde in der Gegenwart zur dominanten Alternative gegenüber den konsequent und primär an der Freiheit des Menschen orientierten Ideologien. Sie ist eine Weltanschauung, die radikal und um jeden beliebigen Preis (also um den Preis der Einschränkung der menschlichen Freiheit und um den Preis von Menschenleben) die Welt verändern will, eine Anschauung, die den Menschen, sein Verhalten, die Gesellschaftsordnung, das Wertesystem ändern will. Das heißt: Einfach alles.

Wann auch immer jemand in Bangladesch als Folge von Überflutungen ums Leben kommt, sollte einer der Chefs einer Fluggesellschaft aus seinem Büro herausgezerrt und ertränkt werden.[3]

George Monbiot, Kommentator der Tageszeitung „Guardian"

Um keinen Irrtum aufkommen zu lassen und damit nicht jemand auf den Gedanken kommen könnte, ich wollte mich in die Naturwissenschaften und in die wissenschaftliche Ökologie einmischen: Der Environmentalismus hat faktisch nichts mit den Naturwissenschaften und – was noch schlimmer ist – leider auch nichts mit den Gesellschaftswissenschaften, sofern er sich auf ihrem Territorium bewegt, zu tun. In dieser Hinsicht bewahrt er sich die völlige Arglosigkeit (einiger) Naturwissenschafter, die die wissenschaftlichen Prinzipien ihrer eigenen Disziplin geltend machen, auf diese aber vergessen, sowie sie darin voranschreiten.

Obgleich sich der Environmentalismus zur Wissenschaftlichkeit bekennt, ist er in Wirklichkeit in seinem Kern eine metaphysische Ideologie, die es ablehnt, die Welt, die Natur und die Menschheit so zu sehen, wie sie sind, die es ablehnt, ihre natürliche evolutionäre Entwicklung zu sehen, und die den gegenwärtigen Zustand der Natur und der Welt verabsolutiert und sich auf irgendeine unantastbare Norm beruft, deren willkürliche Abänderung sie als fatale Bedrohung darstellt.

Al Gore sagte in seiner vor einiger Zeit gehaltenen und weit verbreiteten Vorlesung in New York ausdrücklich, dass „wir mit einer planetaren Katastrophe konfrontiert sind", und wenn „wir nicht innerhalb der nächsten zehn Jahre etwas unternehmen, dann wird die unumkehrbare Zerstörung der Bewohnbarkeit des Planeten für die menschliche Zivilisation unausweichlich sein"[4]. Diese Aussage ist ganz und gar absurd, völlig außergewöhnlich und eine alarmierende Nachricht. Aussagen dieser Art vergessen unter anderem darauf, dass die ganze Geschichte unseres Planeten, die Beschaffenheit und die Form der Erde, der Gewässer, der Struktur der Tier- und Pflanzenarten, die Atmosphäre usw. einem permanenten Prozess des Wandels unterworfen waren, der sowohl von komplizierten endogenen Mechanismen in der Natur als auch von uns nicht beeinflussbaren exogenen Faktoren hervorgerufen wurde, die sich – wie etwa die Einwirkung der Sonne – völlig außerhalb unseres Einflussbereiches befinden.

In den letzten Jahrtausenden wurde auch der Mensch ohne jeden Zweifel zu einem Faktor, der diese Änderungen verursachte, für die Environmentalisten – und das ist geradezu symbolisch – letzten Endes ein exogener Faktor. Dank seines Verhaltens kam es zu grundsätzlichen Änderungen des Landschaftscharakters, bei der Verbreitung von Tier- und Pflanzenarten und zu teilweisen klimatischen Veränderungen. Zugleich ist es jedoch sehr unklar, wie bedeutend der tatsächliche Einfluss des Menschen auf die vollzogenen Veränderungen – mit Ausnahme von lokalen Veränderungen – war (und ist).

Würden die herrschenden Kriterien der heutigen Environmentalisten beispielsweise für die einzelnen historischen Etappen in der Entwicklung der Menschheit gelten, müssten wir wahrscheinlich sagen, dass wir Zeugen und Verursacher einer permanenten ökologischen Katastrophe sind. Dass wir die ursprünglichen Biotope und Kulturlandschaften veränderten, die existierende Fauna und Flora verdrängten und sie durch landwirtschaftliche Kulturen ersetzten, was klimatische Änderungen (durch die Bewässerung oder im Gegenteil durch die Vergrößerung der Wüsten infolge von Aufforstung und Zurückdrängung der Vegetation) nach sich zog, usw. Der gesunde Menschenverstand sagt uns allerdings, dass wir das nicht tun sollen. Die Abholzung des Urwaldes in unserem Gebiet war aus der heutigen Sicht der Environmentalisten zweifelsohne eine entsetzliche ökologische Katastrophe, aber durch diese Substitution wurde die uns heute umgebende Kulturlandschaft geschaffen, und gestehen wir uns ein, dass das – nicht nur aus ästhetischen Gründen – eine mehr als annehmbare Entschädigung ist.

Wenn wir die Überlegungen der Environmentalisten ernst nehmen, dann stellen wir fest, dass es eine antihumane Ideologie ist, die als die grundsätzliche Ursache für die Probleme der Welt allein die Verbreitung der Spezies Homo sapiens sieht, die – infolge der Entwicklung des menschlichen Intellekts und der Fähigkeit des Menschen, die Natur umzugestalten und sie zur Expansion seiner Art zu verwenden – aus dem traditionellen Rahmen der Natur ausgebrochen ist. Es ist kein Zufall, dass es eine Reihe von ihnen ablehnt, den Menschen in das Zentrum ihrer Überlegungen zu stellen. Es ist strittig, ob sich für die gegenteilige Anschauung der völlig korrekte und treffende Terminus Anthropozentrismus verwenden lässt, aber ich gestehe, dass er einen unerlässlichen Bestandteil meiner Überlegungen bildet. Ich glaube allerdings, auch für die Überlegungen zum Menschengeschlecht als Ganzes. Der Ethnozentrismus dagegen ist ebenso wie die sogenannte Gaia-Hypothese, die sich auf der Vergöttlichung der Erde gründet[5], etwas völlig anderes.

Die Environmentalisten – so scheint es – ziehen nicht in Betracht, dass das Aussehen eines großen Teiles der Landmasse das Produkt einer bewussten menschlichen Aktivität ist und dass die Konflikte, die durch die Naturschützer so oft hervorgerufen werden, nicht den ursprünglichen Zustand der Natur, sondern das historische Produkt menschlicher Tätigkeit schützen. Es liegen beispielsweise keine Kriterien dafür vor, warum in diesem oder in einem anderen Gebiet menschliche Aktivitäten beschränkt werden sollen zum Schutz von Tierarten, die sich in diesem Gebiet erst verbreiteten, nachdem der Mensch den Charakter der dortigen Landschaft in den vergangenen Jahrhunderten verändert hatte.

Die Environmentalisten ignorieren auch die Tatsache, dass ebenso wie der Mensch, der permanent danach trachtet, seine Lebensbedingungen zu verbessern, auch die Natur in Bewegung ist. Während sich die Bedingungen für die einen Tier- und Pflanzenarten durch die Einwirkung des Menschen verschlechtern, verbessern sich umgekehrt die Bedingungen für andere und auch die Natur selbst trägt auf sehr geschmeidige Art zu diesen Veränderungen bei. So war es immer, auch vor der Entstehung des Menschen. Aus diesem Grund gibt es so viele irreführende Statistiken, die angeben, wie viele Tierarten in den letzten Jahren ausgestorben sind. Dessen ungeachtet sind sie ein starkes Argument für die Durchsetzung der verschiedensten Verbote und Beschränkungen zum Artenschutz. Arten entstehen und gehen einzig und alleine deshalb zugrunde, weil sich die Natur permanent an die sich verändernden Bedingungen anpasst.

Es existiert kein im Vorhinein gegebener optimaler Zustand der Welt, den wir zu schützen haben. Der Zustand der Welt ist das Ergebnis der Interaktion einer riesigen Anzahl von kosmischen, geologischen, klimatischen (und vielen anderen) Faktoren, einschließlich des Einwirkens einzelner Elemente der lebendigen Natur, die stets nach den bestmöglichen Bedingungen für ihre Reproduktion trachtet. Das Gleichgewicht, das in der Natur vorherrscht, ist ein dynamisches Gleichgewicht (welches sich aus einer großen Anzahl von Ungleichgewichten zusammensetzt).

Die Einstellung der Environmentalisten zur Natur ist dem marxistischen Ansatz zu den Gesetzen der Volkswirtschaftslehre ähnlich, weil auch sie sich darum bemühen, die freie Spontaneität der Entwicklung der Welt (und der Menschheit) durch eine vorgeblich optimale, zentralistische oder – wie man heutzutage sagt – durch eine global geplante Entwicklung der Welt zu ersetzen. Dieser Zugang ist – ebenso wie es auch bei seinen kommunistischen Vorgängern der Fall war – eine Utopie, die zu völlig anderen als zu den vorgesehenen Ergebnissen führt. Ebenso wie andere Utopien ist auch diese nur durch die Einschränkung der Freiheit und durch das Diktat einer kleinen, auserwählten Minderheit gegenüber dem Großteil der Menschheit umsetzbar (und keineswegs realisierbar!).

Das kuriose Wesen des Environmentalismus kennzeichnet die sehr gut und leicht zu beweisende Tatsache, dass sich im Laufe der Zeit die Ziele der Attacken der Umweltschützer geändert haben, weil der konkrete Gegenstand der Kritik gar nicht so wichtig ist. Wichtig hingegen ist es, ein Gefühl der Bedrohung hervorzurufen, eine Gefahr ungeahnten Ausmaßes zu implizieren und die Aktualität der Bedrohung glaubhaft vorzuführen. Wenn es gelingt, eine derartige Atmosphäre zu schaffen, entsteht die Pflicht, zu handeln, und zwar schnell und unmittelbar zu handeln, sich nicht mit Kleinigkeiten aufzuhalten, sich nicht mit den Kosten zu beschäftigen, die eine entsprechende Maßnahme hervorrufen wird, überhaupt keine „opportunity costs" (also etwa die Belastung durch das, was aufgrund des Prioritätenwechsels vergeudet wird oder unrealisierbar geworden ist) in Betracht zu ziehen, bisher angewandte Standards ebenso wie die angeblich „langsamen" Verfahren der parlamentarischen Demokratie zu übergehen, nicht darauf zu warten, bis es „der normale, gewöhnliche Bürger" versteht, sondern direkte Entscheidungen zu treffen – und natürlich von jenen, die wissen, wie es geht.

> *Unser wirtschaftliches Wachstum ist bereits zu groß. Das wirtschaftliche Wachstum in den reichen Ländern, wie das in unseren der Fall ist, ist eine Krankheit, nicht aber die Heilung von einer Krankheit.*[6]
>
> Paul Ehrlich, Professor an der Stanford University

Es ist kein Zufall, dass der Environmentalismus mit der Qualität des Wassers in den Flüssen und Seen sowie mit dem Smog in den Industriegebieten seinen Anfang nahm, zur endgültigen Ausbeutung der natürlichen Ressourcen über-

ging (berühmt, wenn auch absurd war die vom Club of Rome in Auftrag gege-
bene Studie „Die Grenzen des Wachstums"), in Anlehnung an Thomas Robert
Malthus eine „Bevölkerungsexplosion" und eine allgemeine Überbevölkerung
voraussagte, sich auf DDT, Pestizide und weitere chemische Elemente und
Verbindungen konzentrierte, den sauren Regen entdeckte, vor dem Aussterben der Arten warnte, die schmelzenden Gletscher, das Ansteigen des Meeresspiegels, die Gefahr des sogenannten Ozonlochs, den Treibhauseffekt und
schließlich die globale Erwärmung entdeckte. Auf einige dieser Phänomene
vergaß er allerdings wieder sehr schnell, weil sie durch das natürliche und eigenständige Verhalten der Menschen wirkungsvoll gelöst wurden.

In den letzten 150 Jahren (zumindest seit Marx) richteten die Sozialisten
die menschliche Freiheit unter human und humanistisch anmutenden Parolen über den Menschen, über seine „soziale" Gleichheit gegenüber anderen und über sein Gutes sehr energisch zugrunde – und sie tun es auch
heute noch. Die Environmentalisten machen dies unter dem Wahlspruch
eines nicht weniger erhabenen Interesses an der Natur und an einem noch
höheren, übermenschlichen Guten (erinnern wir uns an ihr radikales
Motto „Earth First!"). Diese Parolen waren (und sind), wie das in der Re-
gel der Fall ist, nur ein Vorwand. In beiden Fällen ging es (und geht es)
ausschließlich um Macht, um die Vorherrschaft „Auserwählter" (zu denen
sie sich zählen) über uns andere, um die Durchsetzung der einzig wahren
(nämlich ihrer eigenen) Weltanschauung, um die Veränderung der Welt.

Ich stimme mit dem tschechischen Volkswirt M. Loužek überein, der das ganz
ähnlich sieht, wenn er sagt, dass der Environmentalismus „auf eine Reform
der Gesellschaftsordnung und auf die Beseitigung der sozialen und environmentalistischen Ungerechtigkeiten hinarbeitet, die den freien Markt bilden"[7].

Der heutige tschechische Minister für Industrie und Handel, Martin
Říman, ist der bedeutendste Anti-Environmentalist, was er schon eine
Reihe von Jahren unter Beweis stellt. Sein letzter Text zu diesem Thema
mit dem Titel „Die europäische Erwärmungshysterie"[8] sagt deutlich, dass
die Entscheidung des Europäischen Rates hinsichtlich der Erhöhung des
Anteils an sogenannten erneuerbaren Ressourcen „nichts mit dem Umweltschutz zu tun hat" und „mit der sogenannten globalen Erwärmung

vielleicht noch weniger". Die kontemporären Ambitionen einiger europäischer Politiker, die im Kampf gegen die globale Erwärmung an der Spitze stehen, hält er für eine „überflüssige Energieverschwendung". Seine Äußerung: „Das europäische Pioniertum wird noch hoffnungsloser als das mit den roten Halstüchern[9] sein" ist mehr als zutreffend.

Ich stimme auch der Interpretation von Ivan Brezina, zum Beispiel im Artikel „Ökologismus als grüne Religion"[10], zu. Der Autor, ein ausgebildeter Biologe, unterscheidet berechtigterweise und sehr deutlich zwischen dieser grünen Religion und der „wissenschaftlichen Ökologie", was von vielen immer noch nicht verstanden wird. Oder sie tun so, als ob es so wäre. Den Environmentalismus (er bezeichnete ihn als Ökologismus) erachtet er auf keinen Fall als „rational-wissenschaftliche Antwort auf die real existierende ökologische Krise"[11], die – wie ich hinzufügen möchte – gar nicht existiert, aber als die pauschale Ablehnung „der gegenwärtigen Form der Zivilisation". Der radikale Environmentalismus geht von der Vorstellung aus, dass der Fehler „tief im Kern der modernen Gesellschaft liegt"[12], die gerade deshalb geändert werden muss.

Ivan Brezina reagierte auch ungeheuer schnell auf die Affäre Al Gores und den äußerst verschwenderischen Umgang mit elektrischer Energie in seinem Haus. In seinem Artikel „Der Oberpriester der Erwärmungsreligion ist entblößt"[13] deckt er das Pharisäertum dieser Leute kompromisslos auf.

Ebenso sieht auch ein anderer tschechischer Volkswirt, Karel Kříž, im Environmentalismus eine „neue Religion" und fragt geistreich: „Wer ist für das Verschwinden der Gletscher im Böhmerwald und im Riesengebirge verantwortlich? Das Volk der Urnenfelderkultur?"

Eine der mächtigsten Religionen der westlichen Welt ist heute der Environmentalismus. Er beinhaltet das ursprüngliche Paradies, den Zustand der Einheit mit der Natur, es findet sich dort die Vertreibung aus dem Paradies, nachdem man die Früchte vom Baum der Erkenntnis gekostet hat, ebenso wie es dort auch das letzte Gericht gibt.[14]

Michael Crichton, Schriftsteller

Ich könnte noch weitere tschechische und vor allem ausländische Autoren mit ähnlichen Ansichten anführen, aber leider wird diese (und ähnliche) Kritik des Environmentalismus in der heutigen Zeit – und das nicht nur in der Tschechischen Republik – von einer Minderheit vertreten. In der zur Zeit vorherrschenden geistigen Atmosphäre – vor allem in den USA, in Europa und besonders in allen niemandem direkt verantwortlichen und deshalb postdemokratischen internationalen Organisationen wie der UNO – werden sie als politisch inkorrekt angesehen, was sie erheblich schwächt und behindert.

Der Vorsitzende der Grünen Partei in der Tschechischen Republik, M. Bursík, stellt in seinem Text „Unterschätzen wir die ökologischen Risiken nicht"[15] gänzlich unverhohlen und unzweideutig fest, dass es ihm um politische Ambitionen und um die Ablehnung gegenwärtiger Realitäten geht. Seiner Meinung nach würde es an den „politischen Repräsentanten liegen, eine politische, rechtliche und wirtschaftliche Umwelt für das Leben zu schaffen und die nachhaltige Entwicklung der Menschheit oder konkret der Tschechischen Republik zu gewährleisten"[16]. Wenden wir unsere Aufmerksamkeit folgenden Punkten in diesem Zitat zu:

- Die noch dazu ganz und gar undefinierte und undefinierbare „Umwelt für das Leben" muss nach M. Bursík erst geschaffen werden, oder anders gesagt, er stellt die Betrachtung ausschließlich im Futur an, was impliziert, dass eine solche für das Leben geeignete Umwelt auf der Erde, und vor allem explizit in der Tschechischen Republik, bisher nicht geschaffen wurde. Das ist nicht wahr. In den Stellungnahmen dieser Leute wird unter anderem die nahezu unglaubliche Verbesserung der Lebensbedingungen, zu der es nach dem Jahr 1989 bei uns gekommen war, gänzlich ignoriert. Diese grundsätzliche Änderung verursachte ein für die Umwelt günstiger (aber für die Environmentalisten feindlicher) Markt in Kombination mit Marktpreisen und Privateigentum. Das sind von Bursík entweder zur Gänze abgelehnte oder wenigstens als unzureichend erachtete Institutionen;

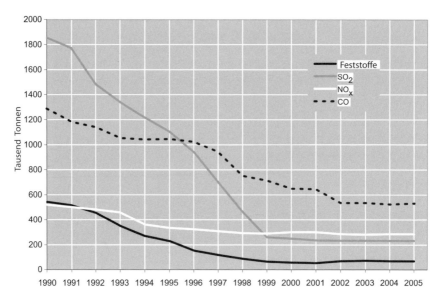

Quelle: Tschechisches Hydrometeorologisches Institut.
Luftverschmutzung auf dem Gebiet der Tschechischen Republik

- es ist nirgends die Rede von praktischen, partiellen – die Ökonomen würden sagen: marginalen – Änderungen, sondern geradewegs von der Rettung der „Menschheit", was wir in der Vergangenheit schon so oft gehört haben;

- er verlässt sich auf politische Aktivitäten, nicht auf die spontane, un-politische, von niemandem organisierte Aktivität Millionen mündiger und – in ihrem eigenen Interesse – rational handelnder Menschen. Die Überzeugung, dass menschlicher Erfindungsgeist und Intuition (auf die ein überzeugter Liberaler setzt) „immer irgendeine Lösung finden", ist nach M. Bursíks Meinung „eine fahrlässige These", mit der er sich nicht anfreunden kann.

Was in der Tschechischen Republik M. Bursík ist, ist im weltweiten Maß-stab Al Gore, mit dem ich in einer Fernsehdebatte in den USA bereits im Februar 1992 aufeinandergetroffen bin, als die Konferenz in Rio vorberei-tet wurde, die viele der heutigen Irrtümer vorhergesagt hat. Al Gore er-achtet den Schutz der Umwelt als das „beste zentrale Organisationsprinzip des modernen Staates", um das sich alles „drehen" sollte, was ganz und gar absurd ist. Schon damals habe ich mit ihm zu beinahe keinem Thema eine Übereinstimmung finden können. Im Gegensatz dazu stimme ich mit B. Lomborg und R. Rose[17] überein, wenn sie sagen, dass Al Gore eine „ökologiebesessene Gesellschaft" schaffe und dass er sich „auf eine Mission begeben hat", die es sich zum Ziel gesetzt habe, „unsere Gesellschaft wegen der Gefahr vor der globalen Erwärmung von Grund auf zu ändern"[18].

Ich möchte gar nicht erst versuchen, Gores überaus irreführenden „Dokumentarfilm" zu rezensieren, weil er eine Beleidigung für dieses Genre darstellt. Einer meiner Berater, M. Petřík, hat nach dem Besuch dieses Films unter dem Titel „Eine unangenehme Demagogie" einen Artikel für die Zeitschrift „Euro" verfasst. Ich erlaube mir, daraus zu zitieren. Er schreibt Folgendes: „Es handelte sich um eine ideologische und ökologisch gestimmte Vorlesung, die in sich beinahe alle Untugenden vereint, derer man sich schuldig machen kann. Graphiken ohne Skalen, Indices und Einheiten, ein emotionales Spiel, für das sich nicht einmal die Aktivisten von Greenpeace genieren müssten (beispielsweise eine comicartig anmutende Veranschaulichung, in der ein Eisbär zu sehen ist, der schwimmt und keine Eisscholle finden kann, auf der er sich ausruhen könnte. Die, die er findet, zerbricht und kann ihn nicht tragen, sodass er weiterschwimmen muss, seinem sicheren Tod entgegen). Eine Auseinandersetzung mit oder Darstellung der Methoden, die zu den maßgebenden Zusammenhängen und Vorhersagen geführt haben, fehlt vollkommen. Dann kommt die Extrapolation dieser tragischen Ereignisse mit maximalen Werten und eine Veranschaulichung von sich nahenden Katastrophen (eine neue Eiszeit?). Und dann tritt der Politiker in Erscheinung – jener Retter, der (als Einziger?) die Katastrophe abwenden kann und der damit auch die ganze Menschheit rettet."[19]

Sehr symptomatisch ist auch Gores Moralismus. „Sogar das Schicksal des eigenen Sohns wird vom Autor im Film eingesetzt, denn erst nach dessen Unfall wurde er sich dessen bewusst, was für ihn auf der Welt wirklich von Bedeutung war. Ebenso verhält es sich mit seiner Schwester, die ihr Leben lang geraucht hatte und an Lungenkrebs gestorben war. Es fehlte also nicht an Elementen der Erweckung bis hin zur Offenbarung, typisch für religiöse Rituale."[20] Die Konsequenz ist klar: „Im Film geht es nicht um die

Wissenschaft, ebenso wenig um Ökologie, es geht weitestgehend um den politischen Missbrauch ökologischer Themen und Zugänge."[21]

Werfen wir einen Blick auf Gores literarisches Schaffen. Auf sein Buch aus dem Jahr 1992, „Earth in the Balance"[22] (über das wir in der schon erwähnten TV-Debatte diskutiert hatten), folgte im Jahr 2006 ein Buch mit dem Titel „An Inconvenient Truth"[23], das den Untertitel trägt „Die drohende Klimakatastrophe und was wir dagegen tun können". Das Schlimmste an diesem Buch ist die apriorisch aufgezwungene Ansicht, dass ausschließlich der Autor des Buches im Besitz der Wahrheit sei. Er präsentiert es außerordentlich selbstsicher, und weil er das ganze Thema als „moralisches Problem" erachtet, präsentiert er es uns anderen auch in der entsprechenden moralischen Sichtweise von oben herab. Das Buch wimmelt von Ausdrücken, die es sich verdienen, im Englischen belassen zu werden: „my passion for the Earth", „planetary emergency", „terrible catastrophes", „the extinction of living species". Für beinahe schon faszinierend halte ich seine Äußerung, dass sich die „schlimmste Katastrophe in der Geschichte der menschlichen Zivilisation" anbahnt (Einleitung). In sich selbst spürt er eine „Generationenmission", während es sich bei anderen um reinen „Zynismus" handelt. Es ist eine traurige, aber lehrreiche Lektüre.

Es ist nicht möglich, an einem der Begründer des Environmentalismus, Paul Ehrlich, vorüberzugehen, der durch sein bereits Ende der 1960er-Jahre veröffentlichtes Buch „The Population Bomb"[24] Berühmtheit erlangt hat. Zu Beginn der 1970er-Jahre schlug er in seinem Buch „A Plan to Save Planet Earth" sogar eine neue Verfassung für die Vereinigten Staaten von Amerika mit diesen Formulierungen vor:

1. Die Geburtenkontrolle müsse sowohl in den überproportional hoch entwickelten (overdeveloped countries) wie auch in den weniger entwickelten Ländern eingeführt werden.

2. Die überproportional hoch entwickelten Länder müssen sich zurückentwickeln (sie müssen „dedeveloped" werden).

3. Die weniger entwickelten Länder müssen halb entwickelt werden.

4. Es müssen Vorgehensweisen für ein Monitoring und einen Regelmechanismus des Weltsystems entworfen werden, damit in einem andauernden Bestreben das optimale Verhältnis Mensch – Ressourcen – Umwelt gewahrt bleibt[25].

P. Ehrlich empfahl sogar, die Einwohnerzahl der USA, die sich damals auf 205 Millionen belief, zu reduzieren, da er diese Zahl für einen „unerträglichen Zustand" erachtete. Ich ergänze, dass die USA heute 300 Millionen Einwohner haben und weit reicher als vor 35 Jahren sind. Vielleicht ist es gar nicht mehr nötig, hinzuzufügen, dass das alles die menschliche Freiheit, keinesfalls aber die Umwelt betrifft.

Der Streit mit dem Environmentalismus hat auch noch einen weiteren Aspekt, der ebenfalls erwähnenswert ist, auch wenn er das vorgegebene Thema nur unmittelbar betrifft. Schon lange Zeit protestiere ich – wie bekannt sein dürfte – gegen die Ablehnung (oder Vermeidung) des Rechts-Links-Schemas der Politik im Namen einer Engineering-Sicht der Welt und der Etablierung eines dritten Weges, der besagt, dass man auf einen Rechts-Links-Konflikt schon längst vergessen könne.

Vom Vergessen kann keine Rede sein. Die Vergangenheit und ihre Schrecken erinnern uns daran mehr als nachdrücklich. Auch im Faschismus hat man nämlich ähnlich argumentiert. Anna Bramwell kritisierte in ihrem Buch „Ecology in the 20th Century" aus dem Jahr 1989 einen Satz aus den 1930er-Jahren: „Jene, die eine gesellschaftliche Reform im Einklang mit den Bedürfnissen der Natur möchten, sind weder Rechte noch Linke, sondern ökologisch bewusste Menschen."[26] Ebenso stimme ich Peter Staudenmaier in seinem Buch „Der grüne Flügel der nationalsozialistischen Partei und seine historischen Vorgänger"[27] zu, der „die Parole ‚Wir sind weder rechts noch links, wir sind vorne', die sich heute bei vielen Grünen durchgesetzt hat, nicht nur für politisch naiv, sondern auch für politisch fatal hält"[28].

Dennoch denke ich mir, dass ich nicht genau weiß, ob ich nicht gerade jetzt ein wenig leiser treten sollte. Auch heute kann ich zwar sagen, dass ich das ursprüngliche Schema von Rechts und Links mit einem einfachen

Verweis darauf verteidigen kann, dass der Environmentalismus nichts anderes als die neuzeitliche Inkarnation der traditionellen Linken ist, aber ich weiß nicht, ob das helfen würde. Einige Wörter sind bereits besetzt und möglicherweise macht es keinen Sinn, zu versuchen, sie umzudefinieren. Dies möchte ich nicht jetzt und keinesfalls grundsätzlich entscheiden.

Letztendlich war auch der heimische Streit am Beginn der 1990er-Jahre – ein Streit der Fürsprecher des klassischen Liberalismus mit der Ideologie der „Bürgergesellschaft" – kein klassischer Rechts-Links-Konflikt. Aber auch damals war das vonseiten dieser Nonliberalen eine eigentümliche Mischung moralisierender Haltungen (hinsichtlich des Verhaltens des Menschen in der öffentlichen und privaten Sphäre) und sehr veralteter Ansichten über den Markt und weitere wichtige sozioökonomische Institutionen und Politiken. Das war nicht die klassische Linke. Auf die gleiche Weise wird heute übrigens der Streit der klassischen Liberalen mit dem Europäismus ausgetragen (siehe meinen Essay „Was ist der Europäismus?"[29]).

Eine ähnliche Entwicklung spielt sich eigentlich auf der ganzen Welt ab. R. F. Noriega erinnert in seinem vor Kurzem erschienenen Text „Struggle for the Future: The Poison of Populism and Democracy's Cure"[30] bei der Analyse der Situation in Lateinamerika daran, dass es sich auch dort heute nicht um einen klassischen „Kampf zwischen rechten und linken Ideologien" handle, sondern dass es im Namen dieser oder jener „direkt umzusetzender" Ansichten eines populistischen Führers um die Demokratie selbst gehe. (Auch in der Tschechischen Republik fand ein Streit zwischen liberalen und nicht-liberalen Ideologien um die Freiheit und um das alleinige Wesen der Demokratie statt.)

Noriega verweist auf die vom Populismus bedrohte Demokratie, ähnlich wie M. Tupy in seiner vom November 2006 stammenden Studie „The Rise of Populist Parties in Central Europe"[31] bei der Analyse der Situation in Mittel- und Osteuropa. M. Tupy sagt – kennzeichnend für unsere Diskussion –, dass „das definierende Charakteristikum des Populismus die Weigerung ist, ‚trade-offs' in Betracht zu ziehen"[32], d. h. die Ablehnung, Alternativen zu erwägen, und die Ablehnung solcher trade-offs. Diese Haltung charakterisiert im Grunde verschiedene „grüne" Aussagen und Forderungen.

Eine Reihe von Autoren verweist auch auf die historische Verbindung des Environmentalismus (auch wenn für ihn zu verschiedenen Zeiten unterschiedliche Begriffe verwendet wurden) mit anderen gefährlichen oder explizit totalitären Ideologien, vor allem mit dem Faschismus (bzw. Nationalsozialismus). Ich habe bereits P. Staudenmaier zitiert, der den sogenannten „grünen Flügel des deutschen Nationalsozialismus" systematisch untersucht und der auf bedeutende „ideologische Überlappungen zwischen dem Nationalsozialismus und der Bewegung zum Schutz der Umwelt" hinweist[33]. Er verweist auf die – bereits in der zweiten Hälfte des 19. Jahrhunderts entstandene – „völkische Bewegung", die den „ethnozentristischen Populismus mit dem Naturmystizismus verband"[34] und dessen Kern die „pathologische Reaktion auf den Modernismus"[35] war. Die Anhänger dieser Bewegung hielten für den wahrscheinlich bösartigsten Zug der europäischen bourgeoisen Zivilisation „die vermeintlich unangemessene Bedeutung, die sie dem Menschen allgemein beimisst. Der Mensch war für sie ein bedeutungsloses Geschöpf, sobald man ihn zu den Weiten des Weltalls und den gewaltigen Kräften der Natur in Beziehung setzte"[36]. Staudenmaier sagte treffend, dass durch die „Vermischung von ethnozentristischem Fanatismus, der Reaktion auf die Ablehnung des modernen Lebens und dem aufrichtigen Interesse an Fragen der Lebensumgebung ein ungewöhnlich starkes Gebräu entsteht"[37]. Er erinnert auch an den Essay von Ludwig Klages, „Mensch und Erde", aus dem Jahr 1913, der „beinahe alle Hauptthemen der gegenwärtigen Ökologiebewegung vorwegnahm. Er sprach über das beschleunigte Verschwinden der Arten, die Störung des globalen Gleichgewichts des Ökosystems, die Abholzung, die Zerstörung der heimischen Kulturen und der Wildnis, das Wachsen der Städte und die zunehmende Entfremdung des Menschen von der Natur"[38]. Klages' Arbeit sei ein „Angriff auf das rationale Denken als solches" und „öffnet den brutalsten Formen des Autoritarismus die Tür". Für geradezu symbolisch erachte ich die Tatsache, dass diese „im Jahr 1980 als geschätzt und bedeutsam bezeichnete Arbeit, die die Geburt der deutschen Grünen ins Werk gesetzt hatte, erneut herausgegeben wurde"[39].

In den 1930er-Jahren, als eine Reihe der damaligen Autoren (und Politiker) die „anthropozentrische Sichtweise der Welt" ablehnte, wurde in Deutschland das „Reichsgesetz über den Schutz der Mutter Natur verabschiedet, das vor dem immerwährenden Verlust der unersetzlichen Grundlage allen Lebens schützen sollte"[40]. Am Ende seiner Studie sagt Staudenmaier, dass „die nationalsozialistische Naturreligion ein gefährliches Gemisch aus primitiver teutonischer Naturmythologie, pseudowissenschaftlicher Ökologie, aus irrationalem Antihumanismus und aus Mythen über die Erlösung der Rasse mithilfe der Rückkehr zu den Wurzeln, zur Erde war"[41].

Überlappungen mit späteren Zeiten zeigt auch Janet Biehl in ihrem Text „Ökologie und Modernisierung des Faschismus bei den deutschen Rechtsextremen"[42]. Ihrer Meinung nach sucht die „neue" deutsche Rechte eine „ökologische Alternative zur modernen Gesellschaft"[43] und sagt offen, dass die „ökologische Krise nur mit autoritären Mitteln zu lösen"[44] sei, dass die Machtergreifung durch eine „elitäre Regierung des Heils" nötig sei und dass wir, „wenn wir mit den gegenwärtigen Problemen fertig werden wollen, ein wenig von einer ökologischen Diktatur brauchen"[45]. Es geht mir nicht um die Suche nach historischen Parallelen um jeden Preis, aber auch diese Dinge sollten wir bei den Betrachtungen nicht außer Acht lassen. Es ist nötig, immer und immer wieder auf sie aufmerksam zu machen.

Aus allen oben angeführten Gründen erachte ich den Environmentalismus als die bedeutendste unliberale, populistische Ideologie der Gegenwart, die sich die Aufmerksamkeit der Liberalen (europäischen Stils) mehr als verdient. Es ist nicht richtig, die alten, längst nicht mehr existierenden Kriege weiterzuführen und sich mit Gegnern auseinanderzusetzen, die nicht einmal dazu fähig sind, einen „Aufstand der Massen" zu mobilisieren. Die Environmentalisten von heute sind dazu jedoch sehr wohl in der Lage.

In diesem Text geht es mir nicht um einen breit angelegten gewöhnlichen Streit der Ideen, denn dieser findet anderswo und auf andere Weise statt, wenn er auch – seitens der Verteidiger der menschlichen Freiheit – nach wie vor etwas eingeschüchtert geführt wird. Es geht mir „nur" darum, einige elementare, primär ökonomische Lehrmeinungen und Konzepte ins Gedächtnis zu rufen, welche die Verfechter der environmentalistischen Auffassung meistens ganz außer Acht lassen, obgleich ich davon überzeugt bin, dass sie – auf der Grundlage der gewöhnlichen Lebenserfahrungen eines jeden von uns – gut und auch intuitiv begreiflich sind. Trotz all meiner Bemühungen kann ich nicht ergründen, ob jene, die diese Meinungen nicht in ihre Überlegungen miteinbeziehen, dies absichtlich und wissentlich tun, oder ob es sich dabei tatsächlich um „reine" Unwissenheit über bereits mehrere Jahrzehnte alte oder Jahrhunderte lang bekannte Prinzipien handelt.* Es geht mir aber auch um die Darstellung einiger grundlegender Schlussfolgerungen der heutigen Diskussion über die globale Erwärmung (siehe Kapitel 6).

Dem Ökonomen stellt sich nicht die Frage, ob diese oder jene ökologische Veränderung erfolgt, darin ist ihm seine eigene Disziplin nicht behilflich. Er stellt sich die Frage, inwiefern die verschiedenen ökonomischen Faktoren auf sie wirken, und vor allem stellt er sich die Frage, wie diese Veränderungen zu bewerten sind. Genau dadurch will und kann die Ökonomie einen Beitrag zur ökologischen Problematik leisten.

Wie D. Tříska in seinem bisher unveröffentlichten Text „Ökonomische Analyse nicht ökonomischer Probleme – der Fall der globalen Erwärmung"[46] betont – und wie es schlussendlich auch schon der Titel seines Textes andeutet –, ist „die Wirtschaft (das ökonomische System) nicht der einzige Gegenstand der Ökonomie. Die Ökonomen beschäftigen sich zielorientiert auch mit anderen gesellschaftlichen Systemen"[47]. Daraus geht hervor, dass „die Wirtschaft keine nur anonyme (unpersönliche) Strömung von Technologien, Gütern und Dienstleistungen, sondern ein gesellschaftliches System einander integrierender, unterschiedlich motivierter Subjekte" ist und dass sich gerade dazu „eine gewaltige methodische Basis" aufgebaut hat. Diese ermöglicht es, dass auch – auf den ersten Blick – eine nicht ökonomische Erscheinung Gegenstand ihrer Untersuchung sein kann. Es geht nicht um das Messen von Temperaturen, von Kohlendioxid, von der Sonneneinstrahlung, von unter den

---

* Im November 1986, folglich vor zwanzig Jahren, fand im mittelböhmischen Kosova Hora ein Seminar mit Soziologen, Biologen und Ökonomen von verschiedenen Instituten der Tschechoslowakischen Akademie der Wissenschaften (Moldán, Vavroušek, Petrusek, Mezřický, Musil, Illner auf der einen Seite und Klaus, Ježek, Tříska, Mlčoch auf der anderen Seite) statt. Die vorgetragenen Texte wurden einige Male herausgegeben, zuletzt im Zentrum für Umweltfragen, Karls-Universität, Prag 2003. Bereits im Jahr 1986 habe ich im Text „Ökonomie und Ökonomik im Kontext ökologischer Probleme – Zwanzig Gebote eines Ökonomen" in Thesen eine Reihe von Ausgangsthesen angeführt, welche sich in diesem Text wiederfinden, und es gibt nicht den geringsten Grund, diese nun zu ändern oder zu negieren.

Weltmeeren lagernden Rohölvorkommen und tausend weiteren Dingen dieser Art, sondern um das Verhalten des Menschen.

Ich werde mich nicht mit dem allgemeinen Konzept der Rationalität menschlichen Verhaltens befassen, obgleich das mehr als passend sein würde (ich verweise auf das Buch von Mises mit dem Titel „Human Action"[48]), mit der Beziehung von Knappheit und Preis, mit der Bedeutung von Eigentumsbeziehungen für jedwedes – also auch sich auf die Umwelt beziehendes – menschliches Verhalten, mit der Problematik der Externalitäten, mit dem Prinzip des Marginalismus usw., weil dies einen gänzlich anderen Umfang dieses Buches nach sich ziehen würde.

Detaillierter werde ich nur einige Themen behandeln. Es handelt sich um solche, die ich als Schlüsselthemen der heutigen Zeit betrachte. Ich gehe davon aus, dass sich Ökonomen langfristig und sehr komplex mit dem Konzept der Zeitpräferenz oder vielleicht auch mit der „zeitlichen Präferenz" („time preference") beschäftigen, dass sie grundsätzliche Vorbehalte gegenüber der absolutistischen Auffassung des Vorsorgeprinzips oder der Prävention („precautionary principle") haben, dass sie sich mit dem Einfluss der Höhe des Einkommens (und des Reichtums) auf das menschliche Verhalten beschäftigen und dass sie etwas Grundsätzliches zur Frage der Ressourcen und ihrer Endlichkeit oder Erschöpfung in Verbindung mit dem technischen Fortschritt sagen können. Von den Ökologisten oder Environmentalisten unterscheiden sie sich in diesen Dingen ganz grundsätzlich. Unter anderem auch deswegen, weil die Ökonomen – im Gegensatz zu den Environmentalisten – keine politische Bewegung darstellen.

Kapitel 2

Ressourcen, ihre Erschöpfbarkeit und die unvertretbare Rolle der Preise

Im vorangegangenen Kapitel habe ich die ganze Bandbreite der environmentalistischen Argumente und Attacken im Laufe der Zeit (auch wenn immer alle in Reserve gehalten werden, sollte zufälligerweise eines von ihnen „ausfallen") erörtert. Im Zentrum der environmentalistischen Diskussionen waren und bleiben auch weiterhin die sogenannten Ressourcen bzw. die natürlichen oder auch nicht erneuerbaren Ressourcen. Immer wieder werden wir davor gewarnt, dass die Ressourcen zur Neige gehen, dass sie bereits erschöpft sind – oder in der nächsten Zeit erschöpft sein werden – und dass es für sie keinen Ersatz gibt und geben wird. Es werden daher die unterschiedlichsten Formen der Regulierung für ihre Förderung vorgeschlagen. In letzter Zeit ist die Einführung von zusätzlichen (ökologischen) Steuern in Mode gekommen, um den Verbrauch mit Hilfe von Preiserhöhungen zu reduzieren. Dies wird um die Hypothese ergänzt, dass der zivilisatorische Fortschritt um den Preis der Ausbeutung nicht erneuerbarer Ressourcen und der damit einhergehenden Zerstörung der Umwelt erzielt wurde. Deshalb werden regulative und steuerliche Eingriffe als richtig und unerlässlich erachtet. Ich sehe das nicht so.

Die ganze Diskussion zu diesem Thema wurde bereits zu Beginn der 1970er-Jahre von der Arbeit „The Limits to Growth"[1] von D. H. und D. L. Meadows beeinflusst, in der die katastrophischen Haltungen des sogenannten Club of Rome zusammenfassend präsentiert wurden. Würden wir das Buch heute lesen, müssten wir darüber lächeln. Oder uns ärgern. Ich stimme mit Julian Simon überein, dass „diesem Buch aufgrund seiner Unwahrheiten und seiner Unwissenschaftlichkeit schon so viel Kritik widerfahren ist, dass es sich nicht lohnt, Zeit und Raum für die Widerlegung der darin angeführten Details aufzuwenden"[2]. Der Club of Rome erklärte angeblich sogar selbst öffentlich, dass die Schlussfolgerungen dieses Buches zwar nicht korrekt seien, dies sei jedoch am Ende nicht weiter tragisch, weil man die Öffentlichkeit absichtlich verwirrt habe um Interesse zu wecken. Dass Unrichtigkeiten nicht tragisch seien, ist geradezu symbolisch und sollte keineswegs vergessen werden. Es ist nicht das erste und wird auch nicht das letzte Mal sein, dass die Environmentalisten für die Durchsetzung ihrer Vorhaben willkürliche Methoden heranziehen.

Die Frage der Erschöpfung der Ressourcen ist in der environmentalistischen Diskussion das wichtigste und das von ihren Kritikern sicher am öftesten diskutierte Thema. Von den Verfechtern dieser Ansicht wird diese Frage leider immer noch nicht verstanden. Niemand veranschaulichte das Wesen dieses Themas besser als Julian Simon, vor allem in seinem (ursprünglich aus dem Jahr 1981 stammenden) epochalen Buch „The Ultimate Resource"[3].

Prof. Simon legt auf 668 Seiten (und mit einer unglaublichen Anzahl von Verweisen auf weitere Arbeiten) überzeugend dar, dass es einen großen Unterschied gibt zwischen den – in der Natur vorkommenden und vom Menschen daher gänzlich unabhängig bestehenden – „natürlichen" Ressourcen, deren grundsätzliche definierte Charakteristik es ist, dass sie nur „potenzielle" Ressourcen sind und deshalb mit der realen Wirtschaft keinen unmittelbaren Zusammenhang haben (so war Erdöl für die ägyptischen Pharaonen keine reale, nutzungsfähige Ressource), und den „ökonomischen" Ressourcen, die dank der existierenden Technologien und der vorherrschenden Preise in der Realität genützt werden können (aber nicht müssen). Nur diese Ressourcen können „gefördert" und eventuell auch „erschöpft" werden.

Ich glaube, dass jeder – der es will – diesen Unterschied verstehen kann. Im gleichen Geist fragt P. H. Aranson unmissverständlich, wann denn die Wellen des Meeres eine ökonomische Ressource sein werden, und er antwortet, dass das genau in dem Moment der Fall sein wird, „wenn eine Technologie entwickelt wird, die weiß, wie man mit ihnen umgehen kann"[4]. Seine Schlussfolgerung ist völlig klar: „Der Vorrat an Ressourcen wächst mit unserem Vorrat an Wissen"[5]. Es handelt sich hier um keine statische Größe.

Um wieder zu Simon zurückzukehren, seine „potenziellen Ressourcen" werden einzig und allein durch eine „letzte Ressource" (von der sich der Titel seines Buches „The Ultimate Resource" ableitet), die nichts anderes als der Mensch selbst, sein Erfindungsgeist und sein Streben ist, in ökonomische Ressourcen umgewandelt. Die begrenzte, die Zukunft der Menschheit eventuell – langfristig – limitierende Ressource kann einzig und allein die „menschliche Ressource" und ihre einzigartige Fähigkeit sein, potenzielle in tatsächliche Ressourcen umzuwandeln. Diese „menschliche Ressource" muss aber für ihre Selbstrealisierung die Freiheit besitzen, sie selbst zu sein. Die Freiheit auch, oder vor allem, vor den Environmentalisten. Etwas anderes als diese Freiheit benötigt der Mensch eigentlich nicht.

Für die nicht existierende Erschöpfung der Ressourcen legt Julian Simon in einem weiteren Buch, „The State of Humanity"[6], eine gewaltige Anzahl von Beweisen vor. Er weist darin vor allem auf die statische Konzeption des Begriffes „Ressource" aus der Sicht der Environmentalisten hin. In Wirklichkeit existiert nämlich keine Ressource „per se", weil eine Ressource immer durch den Preis und den Entwicklungsstand der Technologie definiert wird. Einer der bedeutendsten Schüler Simons, I. M. Goklany, geht in seinem äußerst umfangreichen und mit vielen Daten „gespickten" Buch „The Improving State of the World"[7] ebenso wie Simon davon aus, dass die fallenden Preise der Ressourcen zeigen, dass sie deshalb nicht seltener werden und dass die Ausbeutung der Ressourcen im Laufe der Zeit nicht zunimmt. Er zeigt, dass „im langzeitlichen Trend die Preise praktisch aller Produkte, die heute in Umlauf sind, in den letzten zwei Jahrhunderten nicht nur in ‚realen', das heißt in von der Inflation bereinigten, Dollar gesunken sind, sondern – und das ist noch weitaus wichtiger – auch angesichts der Anstrengung, die ein durchschnittlicher Mensch für den Erwerb der gleichen Menge dieses oder jenes Produktes aufwenden muss"[8].

Die Erschöpfung der Ressourcen steht offenbar nicht bevor. Goklany paraphrasiert geistreich Bjørn Lomborg, indem er sagt, dass die Steinzeit nicht aufgrund des Mangels an Steinen, die Eisenzeit nicht aufgrund des Mangels an Eisen und die Bronzezeit nicht aufgrund des Mangels an Bronze zu Ende gegangen seien, sondern einzig und alleine deshalb, weil Simons „ultimative Ressource" etwas Neues, etwas Besseres entdeckt habe.

Die absichtlich katastrophische Sichtweise in den Betrachtungen der Environmentalisten ist geradezu bezeichnend. Paul Ehrlich, der schon in den 1970er- und 1980er-Jahren mit seinen Büchern „The Population Bomb" und „A Plan to Save Planet Earth"[9] Berühmtheit erlangt hat, schrieb im Jahr 1970: „Wenn ich ein Spieler wäre, würde ich darauf wetten, dass England im Jahr 2000 nicht mehr existieren wird."[10] Dies scheint zwar eine geradezu absurde Behauptung zu sein, aber Ehrlich ist auch heute noch eine bedeutende Persönlichkeit. Er hat mehr als zwei Dutzend Bücher veröffentlicht und ist emeritierter Professor an der Stanford University. Prof. Simon nahm Ehrlich beim Wort und ging mit ihm im Jahr 1980 eine Wette ein, auch wenn es sich nicht um die ursprüngliche handelte. Die neue Wette drehte sich darum, ob bestimmte Ressourcen innerhalb der nächsten zehn Jahre teurer oder weniger teuer würden, genauer gesagt, ob sich ihre Preise erhöhen oder verringern würden. In beiderseitigem Einvernehmen wählten sie fünf Metalle aus – Kupfer, Chrom, Nickel, Zinn und Wolfram – und legten einen zehnjährigen Beobachtungszeitraum fest. Ehrlich sagte den Anstieg der Preise voraus, Simon deren Rückgang. Simon gewann klar. Nicht nur, dass der Preis dieser fünf Metalle insgesamt fiel, auch der Preis jedes einzelnen Metalles ging zurück. Als Ökonom muss ich noch hinzufügen, dass Simon auch gewann, ohne dass die einzelnen Preise von der gesamten Inflation „bereinigt" worden wären.

Prof. Ehrlich überzeugen allerdings keine Argumente. In seinem frühen Werk „The Population Bomb"[11] schrieb er, dass es „in den 70er-Jahren zu einer weltweiten Hungersnot kommen wird, an der Millionen von Menschen sterben werden". Noch am Beginn des 21. Jahrhunderts geriet er mit B. Lomborg und dessen „Skeptical Environmentalist"[12] in Streit.

Eines der definierenden Hauptcharakteristika von Religion ist es, dass sich der Glaube nicht von Fakten bekümmern lässt.[13]

Michael Crichton, Schriftsteller

Die katastrophischen Prognosen (oder eher die in die Prognosen von außen hineingetragenen Vorhersagen) der Environmentalisten sind für gewöhnlich nichts anderes als die Außerachtlassung oder wenigstens die gänzlich inakzeptable Unterschätzung von Simons Vermittlungsstufe zwischen der Potenzialität der natürlichen und der Tatsächlichkeit der von der Wirtschaft ökonomisch nutzbaren Ressourcen. Es handelt sich dabei um eine ganz und gar statische, wenn nicht sogar stationäre Auffassung. Einige Variablen sind grundsätzlich fix, bei anderen wird hingegen eine sehr stürmische Entwicklung, gewöhnlich eine des exponentialen Typs, vorhergesagt. Die „Katastrophe" ist daraufhin gänzlich logisch und unvermeidbar, aber es ist evident, dass sie durch eine ganz eigentümliche Kombination von Voraussetzungen künstlich erzeugt wird – durch pessimistische Voraussetzungen hinsichtlich einer Gruppe von Variablen und durch die Voraussetzung eines schnellen Wachstums aufgrund anderer Variablen.

Genau auf diesen Typ von Überlegungen gründeten sich die früheren, bereits erwähnten environmentalistischen Modelle des Club of Rome zu Beginn der 1970er-Jahre (vergleiche dazu meine in den 1970er-Jahren verfasste Polemik zum Forrester-Modell und die bekannte Studie von W. Nordhaus aus der gleichen Zeit). Letzten Endes gingen Malthus (und seine katastrophischen Szenarien) schon vor 200 Jahren vom Unterschied zwischen arithmetischem und geometrischem Wachstum zweier Größen – jener der landwirtschaftlichen Produktion und jener der Bevölkerungsanzahl – aus. Es ist immer das Gleiche.

Die Environmentalisten schenken dem Menschen und seiner Freiheit (mit Ausnahme ihrer eigenen) keinen Glauben. Die Grundlage ihrer unliberalen, etatistischen Überlegungen bildet der malthusianische Unglaube an den Menschen (und den von ihm erbrachten technischen Fortschritt) und im Gegensatz dazu der Glaube an sich selbst, hinter dem sich der gesamte, von Hayek so überzeugend bezeichnete „fatale Eigendünkel" einiger Leute und „fatale Irrtümer", die mit ihm verbunden sind, verbergen. Mir sind zwar keine konkreten Aussagen von Hayek über den Environmentalismus bekannt, aber im Prinzip handelt es sich um die gleichen Phänomene.

Dass der Malthusianismus und der Environmentalismus „kommunizierende Gefäße" sind, stellt Mojmír Hampl in seiner Monographie „Die Ausbeutung der Ressourcen – ein gut verkäuflicher Mythos"[14] sehr überzeugend dar. Seine Aussagen: „Ressourcen sind vom Menschen geschaffen", das heißt, sie finden sich nicht in der Natur, und „das Wesen ihrer Existenz ist die Zunahme der menschlichen Kenntnisse, die keine natürlichen Grenzen haben"[15] sollten der Ausgangspunkt jeder vernünftigen Überlegung dazu sein. Ebenso muss ich an die – für die Ökonomen und die Ökonomie – zwar gleichsam triviale wie entscheidende Schlüsselthese erinnern, dass „zur Neige gehende" Ressourcen dank des Wachstums ihrer Preise als Folge ihrer voranschreitenden Knappheit „laufend und reibungslos von anderen Ressourcen ersetzt, eventuell durch einen eingeschränkten Verbrauch geschont werden"[16].

Das sind für die Ökonomen ganz und gar grundsätzliche Überlegungen. Wir haben bereits gesagt, dass es keine Ressourcen als solche gibt. Es gibt keine ohne den Menschen existierenden Ressourcen und – das ist die andere Sache – es gibt keinen ohne Preise definierten „Bedarf" an Ressourcen. Jede Ressource hat ihren Preis, solange das Gesellschaftssystem diesen nicht liquidiert, was dem Kommunismus bis zu einem gewissen Grad gelungen ist. Dank des konkreten Preises „entsteht" ein bestimmtes Angebot an Ressourcen (die von den gerade aufgrund der Preise motivierten Menschen angeboten werden) und ebenso entsteht dank der Preise eine gewisse „Nachfrage" nach der einen oder anderen Ressource. Bei einem niedrigen Preis ist die Nachfrage groß und das Angebot niedrig, bei einem hohen Preis ist es umgekehrt. Auch das ist durchaus banal, aber ich fürchte, dass es die Environmentalisten leider nicht so einfach sehen.

Sie wissen nicht, dass die Preise besser als alles andere (und vor allem besser als die Spekulationen der Environmentalisten) die tatsächliche (und keinesfalls fiktive) Knappheit der Güter (Waren und Ressourcen) widerspiegeln. Aber nur jener Güter, die wirklich knapp sind. Ohne Knappheit existiert kein Preis. Wahrscheinlich wissen sie auch nicht, dass mit ansteigender Verknappung (in ihrer Terminologie „Erschöpfung") der Ressourcen der Preis derart zunimmt, dass die Nachfrage faktisch auf null sinkt. Dass Ressourcen – im ökonomischen Sinne – paradoxerweise unerschöpflich sind. Und dass gerade deshalb der Preis der entscheidende Parameter ist und dass gerade deshalb die Existenz eines funktionierenden Preissystems die Grundvoraussetzung für eine ungestörte und gesunde Entwicklung der Menschheit (und der Natur) ist.

Es ist möglich, dass irgendwann in der Zukunft alles Erdöl er-
schöpft sein wird, aber wenn das geschieht, dann wird dies ein
ebenso unbedeutendes Faktum in der Geschichte sein, wie es der
Moment war, in dem es zur Erschöpfung des Fischtrans kam.[17]

I. M. Goklany, amerikanischer Klimatologe

Wer den Kommunismus nicht erlebt hat, als die Preise völlig unterdrückt wurden, mag diese Dinge vielleicht nicht verstehen. Das kann bei P. Ehrlich und Al Gore der Fall sein. Im Fall der tschechischen Environmentalisten kann das aber nicht zutreffen. Ich bitte sie nur, nicht über Externalitäten zu sprechen und uns darüber zu belehren, dass diese existieren. Das wissen wir und die Volkswirtschaftslehre beschäftigt sich – als einzige Wissenschaftsdisziplin – intensiv und systematisch damit. Die Welt wird jedoch nicht von Externalitäten dominiert. Diese stellen nur einen kleinen Teil der zwischenmenschlichen Interaktion dar. Sie sind eine zusätzliche, aber keinesfalls grundsätzliche Erscheinung. Das „Fundament" bilden die „Internalitäten" (wenngleich man diese Bezeichnung kaum verwendet).

Die Mehrheit der Ökonomen denkt – und das auf sehr komplizierte Art und Weise – im Rahmen von zwei Kategorien: von Preisen (P) und von Mengen (Q). Ihrer Meinung nach beeinflussen diese beiden Faktoren das menschliche Verhalten in einer dominanten Weise. Infolgedessen unterscheiden sie zwischen den P-Effekten (Folgen von Preisänderungen) und Q-Effekten (Folgen von Veränderungen des Einkommens, des Produktes und des Reichtums, über die im folgenden Kapitel die Rede sein wird). Für die Frage von Ressourcen und ihrer „Erschöpfbarkeit" und für die Frage des Tempos ihrer Erschöpfung ist aber der P-Effekt von entscheidender Bedeutung.

Kapitel 3

Der Effekt des Reichtums und der Effekt des technischen Fortschritts

Wenn wir uns näher mit der Zukunft und mit ihren möglichen Problemen (einschließlich der ökologischen) aus der Sicht des Ökonomen beschäftigen, müssen wir einerseits den sogenannten „Einkommenseffekt" oder Vermögenseffekt („income or wealth effect") und andererseits den Effekt des technischen Fortschritts erwähnen. Wir müssen dabei auch auf die unglaubliche menschliche Fähigkeit, sich an neue, unerwartete Gegebenheiten anzupassen, zu sprechen kommen.

Es ist vielleicht unnötig, extensiv darüber zu sprechen, dass der Reichtum der Menschen in Zukunft radikal anwachsen wird und dass sich damit ihr Verhalten und die Struktur ihrer Nachfrage nach materiellen und immateriellen Dingen verändern wird (die Ökonomen halten die Entwicklung der Einkommen und die damit einhergehende Entwicklung des Reichtums für Schlüsselfaktoren der sogenannten Verbrauchsfunktion, vor allem langfristig – vergleiche dazu Friedmans Theorie des „permanenten Einkommens") und dass der technische Fortschritt noch unvorstellbar schneller zunehmen wird. Intuitiv fühlen wir das alle, aber nicht alle ziehen daraus die richtigen Schlüsse.

Der Nobelpreisträger für Wirtschaftswissenschaften Th. C. Schelling sinnt in seinem Text „Costs and Benefits of Greenhouse Gas Reduction" darüber nach, wie die Welt in 75 Jahren aussehen wird. Er kam auf die Idee, 75 Jahre zurück, also ins Jahr 1920, zu blicken. Sehr aufschlussreich legt er dar, dass im Jahr 1920 – in den USA war damals nur ein geringer Teil der Wege und Straßen befestigt – das größte mit dem Klima in Verbindung stehende Problem der Matsch war. Gewöhnlicher Matsch. Schelling fügt hinzu, dass „1920 niemandem eingefallen wäre, dass im Jahr 1995 ein Großteil der Straßen einen festen Untergrund haben würde"[1]. Das ist weder eine billige Überlegung noch ein trivialer Gedanke, und ich bin davon überzeugt, dass es – als konzeptioneller Leitfaden – das ganze environmentalistische Problem betrifft.

Wie wird die Welt bei der zu erwartenden wirtschaftlichen Entwicklung in 100 Jahren aussehen? Wir wissen es nicht, aber wir werden sicherlich ganz woanders sein als heute. Viele „Wege werden einen festen Untergrund haben" und deshalb ist es ein fataler Fehler, Betrachtungen über die Situation in 100 Jahren vor dem Hintergrund der heutigen Technologie und des heutigen Reichtums anzustellen.

Teddy Roosevelt, eine der bekanntesten environmentalistischen Persönlichkeiten im Jahr 1900, waren unter anderem die folgenden Begriffe nicht bekannt:

Antenne	*Mikrowelle*	*Antibiotika*
Neutron	*Atombombe*	*Nuklearenergie*
Computer	*Ökosystem*	*DVD*
Penicillin	*Flughafen*	*Radio*
Gen	*Roboter*	*Internet*
Tsunami	*Laser*	*Video*
Masseur	*Virus[2]*	

Michael Crichton, Schriftsteller

Relativ klar und einfach erscheint mir die Debatte um den voraussichtlichen – und für uns heute zweifellos schier unvorstellbaren – Reichtum der zukünftigen Generationen und die sich daraus ergebende Folgerung zu sein, dass wir heute nicht grundsätzliche Probleme der zukünftigen Generationen lösen sollten. Wir sind selbstverständlich nicht die Ersten, die sich so entscheiden. Vor uns gibt es eine lange Folge von Generationen unserer Vorfahren und wir sollten – mit unseren heutigen Kenntnissen – nicht allzu hart mit ihnen ins Gericht gehen. Denkt denn ernsthaft jemand daran, dass unsere Vorfahren beispielsweise in Kleinasien hätten verhindern sollen, dass die Ziegen die dortige Vegetation abgrasten? Hätten unsere Vorfahren schon damals an uns denken sollen? Konnten sie denn an uns denken? Konnten sie sich unser Heute überhaupt vorstellen?

Der bekannte und gerade im Bezug auf die Zukunft ziemlich pessimistische Stern-Report (der von T. Blair in Auftrag gegeben und im Herbst 2006 vorgestellt wurde) nimmt an, dass der Verbrauch im Laufe der nächsten zwei Jahrhunderte – auf der ganzen Erde – um durchschnittlich jährlich 1,3 % pro Kopf wachsen wird. Das erscheint dem Laien freilich keine große Zahl zu sein, aber die Folge dieser – auf den ersten Blick relativ bescheidenen – Wachstumsgeschwindigkeit wird sein, dass der jährliche Durchschnittsverbrauch pro Kopf, der sich heute auf dem Niveau von 7.600 US-Dollar bewegt, bis zum Jahr 2200 auf 94.000 US-Dollar anwachsen wird! Ich sage nochmals, dass diese 1,3 % keine Annahme von mir sind, sondern die Annahme der – Katastrophen vorhersehenden und sich von den Katastrophen „nährenden" – Environmentalisten, respektive eines ihrer bedeutendsten Repräsentanten.

Selbstverständlich muss der Einwand erhoben werden, ob diese Entwicklung nicht aus ökologischen Gründen, z. B. gerade durch klimatische Einflüsse, gebremst wird. Verschiedene Ökonomen haben sich darum bemüht, die möglichen Folgen der klimatischen Veränderungen (in Verbindung mit den Treibhausgasen) auf das weltweite Wachstum des BIP mithilfe sehr komplizierter Methoden einzuschätzen. Eine der bekanntesten und oft zitierten Studien dieses Typs ist die Arbeit „Costs and Benefits of Alternative CO_2 Emissions Reduction Strategies" von A. S. Manne[3], in der er nachwies, dass sich im Grunde nichts ändern wird, wenn wir die Klimaveränderung nicht in Betracht ziehen. Wenn wir – seiner Berechnung nach – den Wert 100 für das Jahr 1990 ansetzen, dann wird sich das weltweite BIP im Jahr 2100 dem Wert 1.000 nähern. Andere Vorbedingungen – vor allem die Diskontierung (darüber mehr in Kapitel 4) – ziehen eine Abweichung in der Größenordnung von nur einem Prozent nach sich! Für sehr witzig halte ich die Darstellung des Autors, dass der Unterschied ungefähr so groß ist, wie wenn man sich beim Einzeichnen der Kurvenlinie des BIP-Wachstums zwischen einem Bleistift mit dem Härtegrad 4 oder einem mit dem Härtegrad 2 entscheiden müsste. Nur so gering werden die vom Klima beeinflussten Veränderungen sein!

Der geringe Teil von einem Prozent des weltweiten BIP macht freilich keine kleine Geldmenge aus, ist aber ein geringerer Einschnitt, als er von einem Dutzend anderer globaler ökonomischer Faktoren verursacht werden könnte. Neueren Datums sind die Arbeiten von R. Mendelsohn und L. Williams[4], die allerdings die vorangegangenen Berechnungen bestätigen. Den Einfluss der globalen Erwärmung auf das BIP schätzen sie für das Jahr 2100 auf 0,1 % ein. Ihre Schätzungen gehen nicht nur von negativen, sondern auch von positiven Einflüssen der Erwärmung aus. Mendelsohn sagt ganz klar: „Die Schäden aufgrund einer erhöhten Temperatur in den nächsten 50 Jahren werden kaum von null zu unterscheiden sein."[5] Erst dann wird es möglich sein, einen messbaren Effekt festzustellen.

Die Modellsimulationen zeigen, dass, wenn es nicht zu einer Temperaturerhöhung um mehr als 2 °C kommt, die Klimaänderungen entweder null oder leicht positiv sein werden. Das kann man als die übereinstimmende Ansicht in der ökonomischen Literatur bezeichnen.[6]

I. Byatt, I. Castles, I. M. Goklany, D. Henderson, N. Lawson,
R. McKitrick, J. Morris, A. Peacock, C. Robinson, R. Skidelsky
(Autoren der Zeitschrift „World Economics")

Auf jeden Fall ist klar, dass die zukünftige Gesellschaft um ein Vielfaches reicher sein wird als heute. Darüber hinaus kann man erwarten, dass viele heute bekannten Dinge überhaupt nicht mehr existieren werden und dass umgekehrt viele unbekannte und ungeahnte Dinge existieren werden. Oder anders gesagt, dass der technische Fortschritt seine Wirkung radikal zeigen wird. Mein älterer Sohn hat mich für diese Überlegung auf eine sehr treffende Parallele aufmerksam gemacht. Würden wir heute aufgrund einer vernünftigen, aber ganz und gar statistischen Wahrscheinlichkeitsrechung zum Schluss gelangen, dass durchschnittlich einmal in 30 Jahren durch das Fernsehgerät die Gefahr eines Kurzschlusses und darauf folgend eines Wohnungsbrandes droht – was würden wir daraus heute für unser Verhalten im Hinblick auf die Zukunft folgern? Sollen wir das „gefährliche" Fernsehgerät hinauswerfen oder sollen wir einfach beruhigt mit der Hand abwinken? Ein möglicher Ansatz wäre – auf der Grundlage dieser Prognosen – unsere Aversion dem Risiko gegenüber geltend zu machen und die Möglichkeit eines solchen Risikos zu berechnen. Eine andere Frage ist allerdings der Gedanke, dass es heute fast nicht möglich ist, vorherzusagen, ob in 30 Jahren noch Fernsehgeräte in der uns heute bekannten Form existieren werden. Und dass deshalb jede beliebige Prognoseberechnung von heute für die Zukunft nicht sinnvoll ist. Sie hat nur einen Sinn für die Gegenwart.

Die Frage des technischen Fortschritts ist von zentraler Bedeutung. Der bereits zitierte Th. C. Schelling geht auf diese ganz und gar grundsätzliche Überlegung in seinem Artikel „Greenhouse Effect" ein: „Fragen Sie einmal ein 65-jähriges Ehepaar auf einem Bauernhof, da, wo es auch geboren wurde, ob es der Klimawandel war, der die dramatischsten Umwälzungen für die Bewirtschaftung ihres Hofes und für ihren Lebensstil nach sich gezogen hat. Die wahrscheinlichste Antwort wird sein, dass dem nicht so ist. Der Wechsel vom Pferdefuhrwerk zum Traktor und vom Petroleum zur Elektrizität war wesentlich wichtiger."[7] Ist es daher sinnvoll, vorherzusagen, dass sich ebensolche Dinge nicht auch in der Zukunft ereignen werden? Oder dass nicht sogar die Dynamik des technischen Fortschritts noch weit größer sein wird, als sie es heute ist? Insbesondere alle Verteidiger eines anderen in Mode befindlichen Konzepts – der „knowledge economy" (mit der ich überhaupt nicht übereinstimme) – sollten laut und deutlich sagen, dass sich der technische Fortschritt zweifelsfrei noch beschleunigen wird. Ohne Rücksicht auf die klimatischen Veränderungen.

Zu enormen Verschiebungen ist es auch im Bereich der Struktur der Volkswirtschaft gekommen. Vor 100 Jahren wurden weitaus mehr ökonomische Aktivitäten unter freiem Himmel durchgeführt. Heute beträgt der Anteil der Landwirtschaft und des Forstwesens am gesamten Nationalprodukt in der hoch entwickelten Welt nicht mehr als 3 %. Die anderen Sektoren werden aber von den klimatischen Veränderungen nicht signifikant in Mitleidenschaft gezogen. Prof. Schelling sagt deshalb: „Selbst wenn die Produktivität der Arbeit in der Landwirtschaft im folgenden halben Jahrhundert um ein Drittel zurückginge, würde man das BIP pro Kopf, das ohne diesen Rückgang im Jahr 2050 erreicht werden würde, bereits im Jahr 2051 erreichen!"[8] Dieses Argument sagt vielleicht schon alles. Ähnlich wirkt auch das Bevölkerungswachstum. Schelling meint, „wenn China noch für einige Generationen an seinem beinahe den Wert Null erreichenden Bevölkerungswachstum festhält, dann hat das auf die Erdatmosphäre den

gleichen Effekt wie ein weltweites Programm im Kampf gegen die Treibhausgase bei einem 2%igen Zuwachs der chinesischen Bevölkerung"[9]. Das
ist eine weitere grundsätzliche Überlegung. Unterscheiden wir daher – unter anderem – zwischen dem Einfluss des Menschen und dem Einfluss des
Bevölkerungswachstums auf die klimatischen Veränderungen. Das sind
zwei konzeptionell völlig verschiedene Dinge.

Es wäre möglich, in dieser Art fortzufahren, weil die Anzahl der Faktoren,
die auf die Realität um uns herum Einfluss nehmen, schier endlos ist. Darum empfiehlt Schelling ganz eindeutig: „Die Entwicklungsländer sollen
heute keine Opfer bringen. Ihr bester Schutz gegen den Klimawandel ist
ihre eigene wirtschaftliche Entwicklung."[10]

Deshalb wollen die Fürsprecher der environmentalistischen Position – im Namen der Bedrohung der Zukunft – den heutigen Verbrauch radikal verringern
(aber nicht nur den eigenen, sondern auch jenen weitaus ärmerer Menschen,
als sie es selbst sind), um weitaus reicheren und sich auf einem anderen technischen Niveau befindlichen Generationen in der Zukunft zu helfen. Denken
sie wirklich, dass eine Verbrauchsreduktion um 15 % im Jahr 2007 mit ihren
elementaren Folgen für das Leben der Menschen dasselbe ist wie eine gleich
große Reduktion im Jahr 2200? Es ist völlig absurd, so etwas anzunehmen.

Robert Mendelsohn lenkt unsere Aufmerksamkeit auf die Frage der
menschlichen Anpassungsfähigkeit und erläutert, dass sie in den Prognosen der Environmentalisten keine Berücksichtigung findet. Seiner
Meinung nach führt das zu einer „Überbewertung der Schäden um eine
Zehnerpotenz"[11]. Anpassungsfähigkeit lässt sich schlecht messen. Immer
handelt es sich nur um ein partielles Argument oder eine kurze Zeitreihe,
ein zusammenfassender Index der Anpassungsfähigkeit existiert nicht, be-
ziehungsweise hat noch niemand einen solchen ersonnen. In den Debatten über die globale Erwärmung sprechen wir über den Treibhauseffekt,
die Treibhausgase und vor allem über Kohlendioxid. Wenn die Hypothese
stimmt, dass das wirtschaftliche Wachstum (und vor allem das Wachstum
der Industrie) zu einer Erhöhung der CO_2-Emissionen führt, dann muss
es der Wahrheit entsprechen, dass das stürmische industrielle Wachstum,
zu dem es in der Welt ohne jeden Zweifel kommt, zu einem permanenten

Anstieg der CO_2-Emissionen führt. Sehen wir uns aber die Zeitreihe der CO_2-Emissionen pro Kopf an, dann erkennen wir, dass dem nicht so ist.

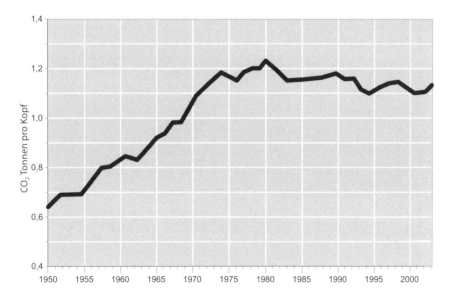

Quelle: Ross McKitrick et al., Independent Summary for Policymakers, IPCC Fourth Assessment Report, The Fraser Institute, January 2007

Diese Graphik, die der Arbeit von McKittrick und seinen Mitarbeitern[12] entnommen ist, veranschaulicht, dass die CO_2-Emissionen (in Kohlenstoffäquivalenten) pro Kopf weltweit nur bis zum Jahr 1979 gestiegen sind (als die Werte 1,23 Tonnen erreichten) und dass sie seit dieser Zeit sinken. Der letzte bekannte Wert aus dem Jahr 2003 beträgt 1,14 Tonnen. Ich erachte das als ein gutes Beispiel für die menschliche Anpassungsfähigkeit.

Dieser Argumentation fügen wir noch den Aspekt des „Einkommenseffekts" bzw. den Gedanken über die Suche nach der Beziehung zwischen dem Reichtum (der Größe des Einkommens) und dem Umweltschutz hinzu, weil die Environmentalisten von der ganz und gar falschen Voraussetzung ausgehen, dass wirtschaftliches Wachstum bzw. Vermögenszuwachs (und die Zunahme des technischen Fortschritts) zu einer Verschlechterung der Lebensbedingungen führen werden. Auch dazu haben die Ökonomen etwas zu sagen.

Sie sind darin von der sogenannten Kuznets-Kurve inspiriert, die das Ergebnis einer umfassenden und im Grunde bahnbrechenden empirischen Untersuchung von Simon Kuznets war (für die er 1971 den Wirtschaftsnobelpreis erhielt), in der er zeigte, dass zwischen der Höhe und der Ungleichheit der Einkommen ein relativ konstantes Verhältnis besteht. Diese Beziehung hat die Form eines verkehrten U – bei einem niedrigen Einkommensniveau ist die Ungleichheit groß und nach dem Erreichen einer gewissen Grenze kommt es zu einem Prozess, in dem sich Einkommensungleichheiten verringern. Diese Untersuchungen motivierten zur Suche nach (und zum Auffinden von) weiteren U-Kurvenlinien, also auch abseits der Problematik der Einkommensungleichheiten. Darunter befindet sich auch die environmentalistische U-Kurve.

Im Jahr 1991 entdeckten G. M. Grossman und A. B. Krueger („Environmental Impact of NAFTA"[13]), dass auch die Beziehung zwischen der Qualität der Lebensbedingungen und der Höhe des Einkommens (oder des Reichtums) ein verkehrtes U bildet. Sie errechneten schließlich (auf der Grundlage von Datenanalysen aus 42 Ländern), dass die Wende an dem Punkt erfolgt, wo das jährliche BIP pro Kopf zwischen 6.700 und 8.400 US-Dollar beträgt. Die hypothetische Kurve hat diese Form:

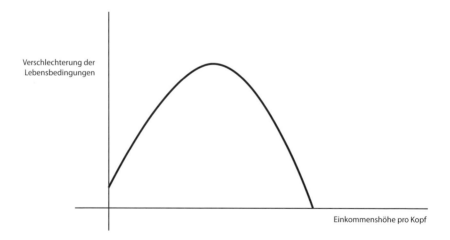

Das spricht für die einprägsame und ausdrucksstarke Hypothese, dass – wenn diese Kurve gilt – das ökonomische Wachstum in seiner letzten Konsequenz günstig für die Umwelt ist.

Seit der Publikation ihrer Studie entstand aufgrund immer neuerer Daten eine Reihe empirischer Schätzungen in Form dieser Kurve. Darüber informiert beispielsweise J. Brown (in seinem Artikel „Travelling the Environmental Kuznets Curve"[14]). Die Environmentalisten müssten uns das Gegenteil beweisen, was – so scheint es – nicht möglich ist. Wesentlich ist aber vor allem, dass sie sich mit solchen Details, wie der gründlichen Datenanalyse, nur allzu oft erst gar nicht beschäftigen. Die Ökonomen schon.

Die Hypothese der environmentalistischen Kuznets-Kurve versuchte I. M. Goklany (im bereits zitierten Buch) zu verallgemeinern, wo er über den „environmentalistischen Übergang" („environmental transition") spricht. Seine Kurve hat eine ähnliche Form, erweitert aber die variable Begrenzung auf der x-Achse.

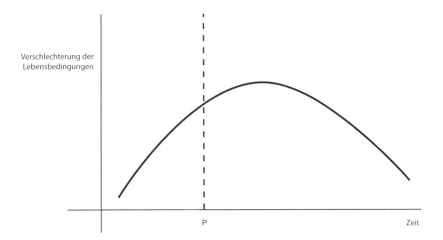

Anstelle des Pro-Kopf-Einkommens findet sich dort der Faktor Zeit (als „proxy variable" für die technologische Entwicklung und den Reichtum). Ich würde hier auch Mendelsohns Anpassungsfähigkeit hinzufügen, aber an der Sache selbst ändert das nichts. Dieser Gedanke ist nicht schlecht und es sei auch diese Beziehung untersucht, aber es ist evident, dass der Unterschied zwischen den Kurven im Einfluss – ansonsten nicht direkt messbar – des technischen Fortschritts und der menschlichen Anpassungsfähigkeit (selbstverständlich ceteris paribus) besteht. Goklany wendet jedoch ein, dass die „Kuznets-Kurve die Hälfte des ganzen Prozesses außer Acht lässt, weil sie sich nur auf den Einfluss des Einkommens (Vermögens) konzentriert"[15].

Er fügt dem auch den Moment P hinzu, in dem sich die Menschen der ökologischen Probleme bewusst werden (P als „perception"), mit der Begründung, dass sich „vor dem Punkt P keine bewusste menschliche Aktivität erwarten lässt, die zu einer Verringerung der Folgen für die Umwelt führt"[16]. Der Autor schließt noch eine weitere Bedingung an, welche „die Existenz eines relativ effektiv funktionierenden Mechanismus vorsieht, der dazu in der Lage ist, die Wünsche der Öffentlichkeit nach einer Qualitätsverbesserung der Lebensbedingungen in die nötigen staatlichen Eingriffe umzumünzen[17]. Dennoch ist er der Meinung, dass der Prozess des „environmentalen Überganges" nicht in allen Ländern gleich verlaufen muss. Darüber haben wir aus der kommunistischen Ära etliches zu berichten.

Wir können Variablen unterschiedlich vordefinieren, aber die Form einer verkehrten U-Linie bleibt bestehen. Und das ist auch der Grund für unseren Optimismus. Die Schlussfolgerung ist klar – Reichtum und technischer Fortschritt lösen ökologische Probleme, sie verursachen sie nicht. Die menschliche Anpassungsfähigkeit ist eine weitere Hoffnung.

Kapitel 4

Diskontierung und
Zeitpräferenzen

Für eine Weile lassen wir außer Acht, ob und welche ökologischen (oder vielleicht ausschließlich klimatischen) Veränderungen sich in der Zukunft ereignen werden oder können. Wir werden jetzt darüber nachdenken, ob und wie es überhaupt möglich ist, diese eventuellen Änderungen zu bewerten. Gerade das ist der Kern des gesellschaftswissenschaftlichen und im Rahmen dessen des ökonomischen Zugangs zu dieser Problematik. Es erscheint schon fast banal, wenn man sagt, dass eine Bewertung umso schwieriger und weniger zuverlässig wird, je größer die Zeitstrecke ist. Der Grund für diese Schwierigkeit und für diese Unsicherheit ist nicht – wie D. Tříska im bereits zitierten Text nachdrücklich sagt – „die Labilität unseres Wertesystems, sondern der sich verändernde Kontext unserer Wertung"[1]. Diese These ist enorm wichtig – die Stabilität unseres Wertesystems ja, die Fixierung des Kontextes unserer Wertung nein. Man kann nur von diesen beiden Prämissen ausgehen. Andernfalls würde überhaupt nichts gelten.

Tříska geht folgerichtig von der grundlegenden Voraussetzung aus, auf der die wissenschaftliche Ökonomie begründet ist. Dies ist die „Hypothese von der Stabilität der menschlichen Präferenzen", weil allein diese den „intertemporalen Präferenzvergleich" zulässt, oder in verständlicherem Deutsch, einen „Vergleich zwischen den Generationen"[2] ermöglicht. Auf Grundlage dieses Ansatzes fordert er, dass jeder, „der heute plant, die zukünftigen Generationen vor der Erderwärmung zu retten, seine Prämissen angesichts der Beziehung zwischen den Generationen klar und deutlich darlegen soll", respektive dass er sagen soll, wie er die Zukunft sieht, welches Gewicht er ihr einräumt und welche Bedeutung er ihr gibt. Bei weitem nicht alle äußern sich explizit genug über diese ihre Voraussetzung. Einige – und das ist der Zugang der Environmentalisten – geben vor, dass eine beliebig entfernte Zukunft gleich wichtig wie unsere Gegenwart ist.

Wie lässt sich dieser Vergleich zwischen den Generationen durchführen? Wie lässt sich eine Million Kronen heute und morgen bewerten? Wie wertet man ein Grad Celsius heute und in 100 Jahren? Wie bewertet man die Erhöhung des Meeresspiegels in 50 Jahren? Wie bewertet man die Erdölvorräte? Und tausend andere Dinge. Steht dem Menschen überhaupt ein Instrument zur Verfügung, mit dem sich eine Messung durchführen lässt? Der Ökonom antwortet mit dem Wörtchen „Ja". Der Ökonom weiß, dass eine Million Kronen heute und in hundert Jahren zwei völlig verschiedene Dinge sein werden. Er versucht deshalb zu erklären, um wie viel sie sich voneinander unterscheiden. Diese sehr subtile Frage wird in der Ökonomie unter dem Begriff Diskontierung (oder Abzinsung) diskutiert.

Ein bekanntes Sprichwort sagt, dass es besser sei, „einen Spatz in der Hand als eine Taube auf dem Dach" zu haben. Für unsere Absichten ist es zweckmäßiger, dieses Sprichwort in einer anderen Version zu benützen, nämlich dass es besser sei, „einen Spatz in der Hand als einen Spatz auf dem Dach" zu haben, weil wir einen Vergleich zwischen einem Spatz und einer Taube nicht auflösen können, wohl aber einen zwischen einem nahen und einem entfernten Spatz. Nicht nur räumlich, sondern auch zeitlich. Für jeden rational denkenden Menschen (aber wahrscheinlich nicht für einen Environmentalisten), erzielt der Besitz von 100 Kronen in der Gegenwart einen besseren, wertvolleren und größeren Effekt als der Besitz von 100 Kronen in der fernen, im Falle der Umweltdebatte sogar in einer unabsehbaren Zukunft. Es geht aber sicherlich nicht nur um 100 Kronen. Sämtliche zukünftigen Einnahmen und Ausgaben haben bei jedem Bewertenden einen geringeren Stellenwert als die gegenwärtigen Einnahmen und Ausgaben. Ich füge noch hinzu, dass es sich um eine Bedeutung für den Menschen handelt, denn eine andere wertende Instanz gibt es nicht und kann es auch gar nicht geben. Es gibt keine wertende Instanz mit der Bezeichnung „allgemeine Weisheit", „Vernunft", irgendein in der Zeit nicht verankertes Wesen oder etwas Ähnliches. Vor allem aber gibt es keine von außen beobachtende oder wertende Instanz, es gibt nicht einmal einen Gott, und dieses überirdische Recht hat nicht einmal ein Environmentalist.

Im Grunde geht es um zwei konzeptionell voneinander abweichende Probleme. Eines davon ist unsere eigene Bewertung dieser oder jener

Dinge im Laufe jener Zeit, die uns zur Verfügung steht. Das Problem ist nicht, dass wir völlig chaotisch unsere Ansichten und Einstellungen ändern würden (auch wenn das passiert – zum Besseren oder zum Schlechteren), sondern eher dass sich – wie es bereits zitiert wurde – „der Kontext mit der Zeit ändert". Diese Kontextänderung kann – und ist häufig auch – gänzlich von grundsätzlicher Natur. In Kapitel 3 haben wir zwei dominante „Kontexte" diskutiert – das Ausmaß des Reichtums und den Grad des technischen Fortschritts.

Beim zweiten Problem geht es darum, wenn diese oder jene Dinge (die Folgen unseres Tuns oder Lassens oder einer beliebigen anderen Erscheinung) jemanden ganz anderen als uns berühren. Die Ökonomie hat ein Instrumentarium für verschiedene Dinge geschaffen, aber für den zwischenmenschlichen Vergleich der Nützlichkeit und für einen solchen Vergleich zwischen den Generationen hat sie kein Instrument hervorgebracht. Das gilt für alle anderen gesellschaftswissenschaftlichen Disziplinen. Nützlichkeit, so wie sie von den verschiedenen Subjekten empfunden wird, lässt sich nicht vergleichen, und jede beliebige Aggregation kann man nur mit Hilfe von Wertbestimmungen vornehmen, die auf einem ganz und gar unpersönlichen Markt entstehen. Auch in diesem Fall sind wir bei der Diskontierung und dabei, welchen Zins- oder Diskontsatz uns der Markt bringt.

In seinem berühmten Artikel mit dem Titel „The Use of Knowledge in Society"[3], der für mich persönlich ein Schlüsselwerk ist, zeigte uns F. von Hayek überzeugend, dass ein intersubjektiver Vergleich (ein Vergleich der Nützlichkeit zwischen einzelnen Personen) nicht zu ziehen ist und dass wir jede wie immer geartete relevante Information nur aus dem Tauschwert des einen oder anderen Gutes erlangen können. Dieser entsteht einzig und allein auf dem Markt, beim faktischen Tausch von Gütern und Dienstleistungen. Als Zwischenbemerkung muss ich anführen, dass sich diese Warnung von Hayek bei dem heutigen, völlig künstlich konstruierten „Verkauf von Emissionszertifikaten", mit denen gerade in diesem Moment in der Europäischen Union experimentiert wird, bestätigt. Das erinnert an die bekannte Lange-Lerner-Regel, mit deren Hilfe die Sozialisten in den 1930er-Jahren die Möglichkeit einer funktionierenden marktlosen, kommunistischen (auch wenn sie diese als sozialistisch bezeichneten) Wirtschaft verteidigen wollten. Gerade damals lehnte das Hayek resolut ab. Der Preis lässt sich keinesfalls „wissenschaftlich" errechnen oder abschätzen. Darauf sollten wir nie vergessen.*

Die Ökonomie kam bei den beiden Aufgaben der Bewertung im Laufe der Zeit nicht über den Gedanken der Diskontierung hinaus (und kann auch nicht über ihn hinauskommen), was übrigens gar nicht so wenig ist. Dieses beinahe schon metaphysische Thema lösen die Ökonomen über das nicht triviale Konzept der Diskontierung. Auf der Ebene der Gesellschaft als Ganzes sprechen sie von der sogenannten „social discount rate", vom sozialen Diskontsatz, der auch nicht allzu sehr vom Diskontsatz des Marktes abweichen kann, besonders vom langfristigen Satz. Das ist nichts Neues und auch ich habe darüber bereits im Jahr 1986 geschrieben. In meinen oben erwähnten „Zwanzig Geboten eines Ökonomen" habe ich unter Punkt 12 angeführt, dass ökonomische Subjekte die Vergangenheit, die Gegenwart und die Zukunft vergleichen und dass eine Zins- (und Diskontrate) größer als null zeigt, dass die „Zukunft von geringerer Bedeutung als die Gegenwart ist" und dass deshalb die „Zukunft weniger bedeutend als die Gegenwart ist"[4].

Um wie viel diese Bedeutung geringer ist, hängt vom Ausmaß der Präferenz des Heute vor dem Morgen, vom Ausmaß der Bevorzugung der Gegenwart vor der Zukunft ab. Ist das eine irrationale Sichtweise? Ist das eine vorsätzliche Kurzsichtigkeit? Und somit eine Dummheit von einigen von uns? Oder ist das die einzig mögliche rationale Sichtweise der Welt? Sind Gegenstände in der Entfernung weniger „objektiv" oder sind sie es nicht? Oder ist das einzig und allein unsere Kurzsichtigkeit, eventuell sogar auch unsere Voreingenommenheit, die nicht erkennt, dass diese Gegenstände im Grunde gleich groß sind? Solche Fragen eröffnen den Weg zu interessanten und sehr relevanten Überlegungen.

Autoritativ lässt sich sagen, dass die Ökonomen (und sicherlich nicht nur die Ökonomen) davon überzeugt sind, dass die unbestreitbare Tatsache,

---

* Den Unterschied zwischen tatsächlichem und künstlichem Markt in Zusammenhang mit der heutigen Debatte über die Klimaänderungen bringt zum Beispiel R. Helmer in seinem Artikel „Climate Change Policy in the EU: Chaos and Failure" gut zum Ausdruck (Helmer R., Climate Change Policy in the EU: Chaos and Failure, The European Journal, February 2007)

dass der Wert der Krone (oder welcher Währung auch immer) in der Zukunft „geringer" als jener der heutigen Krone sein wird, der unumgängliche Ausgangspunkt jeder rationalen menschlichen Überlegung und jedes Verhaltens ist. Und dass eine gegenteilige Überlegung keinen Sinn ergibt.

Die Ökonomen sprechen deshalb von der Diskontierung der Zeit oder „expliziten Begrenzung von Wesen und Intensität der Beziehung zwischen der heutigen und zukünftigen Bewertung gegebener Dinge"[5]. Man spricht von der Diskontrate oder dem Diskontsatz, der nichts anderes als der „Wert der Zeit" ist, der den Wert von 100 heutigen Kronen in den Wert von 100 morgigen Kronen „umrechnet" oder überführt. Es ist wahrscheinlich nicht ganz einfach, das zu verstehen. Viele Menschen verstehen den umgekehrten Prozess recht gut, der als Zinseszinsrechung bekannt ist, weil sie ihm „direkt" und sehr persönlich im alltäglichen Leben begegnen. Einen Geldbetrag P_0 zu investieren (oder auch nur bei der Bank zu deponieren), heißt zu erwarten, dass sich der ursprüngliche Betrag P_0 bei einem bestimmten Zinssatz im Laufe der Zeit t auf P_t erhöht, entsprechend der Formel

$$P_t = P_0 \, (1 + i)^t .$$

Das ist – vielleicht auch intuitiv – beinahe jedem recht gut verständlich. Die Diskontierung ist im Grunde ein spiegelverkehrter Prozess, aber gestehen wir uns ein, dass eine negative Potenz für viele weit weniger klar ist:

$$R_t = R_0 \, (1 + d)^{-t} .$$

Aus der angeführten Formel geht hervor, dass sich der Wert R_0 dank der Diskontierung (d ist der Diskontsatz) im Laufe der Zeit t als R_t „ausnimmt". Ist der Diskontsatz d > 0, und das ist die grundsätzliche Voraussetzung normal verstandener menschlicher Rationalität, dann ist $R_t < R_0$. Das Zukünftige ist zwangsläufig geringer als das Heutige. Je größer d und t sind, desto mehr unterscheidet sich der heutige vom zukünftigen Wert.

Der Diskontsatz lässt sich beispielsweise davon ableiten, für welchen Zinssatz die Menschen bereit sind, sich Geld zu borgen, um es jetzt zu verwenden, auch wenn sie es momentan nicht haben. Wenn man sich 1.000

Kronen zu einem Zinssatz von 6 % ausborgt, dann hat die Person am Ende des ersten Zeitabschnitts von dem ursprünglichen Darlehen nur mehr 940 Kronen. Eine derartige Betrachtung anzustellen ist ein gewöhnliches praxeologisches Prinzip, keinesfalls eine Spezifität der Ökonomie oder der Anschauung eines Ökonomen. Dieses Prinzip besagt auch, dass, wenn die Menschen den Diskontsatz bei null (oder bei einem sich null nähernden Wert) ansetzen würden, sie gar nicht rational über die Zukunft nachdenken, rational investieren oder sparen könnten. Sie könnten angesichts der Zukunft überhaupt keine Entscheidungen treffen.

Ich stimme mit Dušan Tříska überein, dass diese Überlegungen für einen „Salonintellektuellen" ziemlich „monetär" sind (ich würde sagen „krämerisch", wie das zu Beginn der 1990er-Jahre ein bekannter Vertreter der grünen Ideologie in der Tschechischen Republik genannt hat) und dass „er sich wahrscheinlich davor ekeln wird, die erwähnte ‚buchhalterische' Methodologie auf so ein nobles Thema wie die Rettung der Menschheit anzuwenden"[6]. Dessen ungeachtet würde ich diese Salonintellektuellen bitten, zu versuchen, darüber auf diese Art und Weise nachzusinnen und vor allem darüber nachzudenken, ob ihre Überlegungen zumindest auf so klaren und relativ einfachen Annahmen wie der Diskontierung des Ökonomen fußen. Ich zitiere Třískas ganze Argumentation: „Wenn sie zufälligerweise ihren Widerstand aufgeben würden, dann würde es genügen, die 100 Kronen mit ihrem ernst gemeinten ökologischen Thema zu ersetzen und den jährlichen Zeithorizont mit einigen Dutzend ‚Zwischengenerationsjahren' zu vertauschen. Möglicherweise würden sie sich dann ein wenig mehr dessen bewusst sein, dass wir heute einige Dinge anders als in 30 Jahren bewerten können, schon gar nicht einmal davon zu reden, dass diejenigen, die die faktische Bewertung durchführen werden, bereits nicht mehr wir, sondern jene sein könnten, die nach uns kommen."[7]

Sehr treffend äußerte sich dazu unlängst der bekannte Ökonom und ehemalige Präsident der Harvard University Lawrence Summers (der frühere Finanzminister Clintons und somit auch der von Al Gore). Er fragt sich, ob wir wirklich daran glauben, dass es sinnvoll ist, die Beiträge verschiedener menschlicher Projekte 100 Jahre im Voraus zu schätzen? Er antwortet, dass es wohl einen Sinn habe, aber dass es nötig sei, „mit lauter Stimme die

Voraussetzungen zu nennen, auf denen sich diese Schätzung begründet"[8]. Deshalb würde er den Lesern empfehlen, sie sollten versuchen, auf die folgende Frage zu antworten: „Auf wie viel Prozent des BIP zu verzichten wären wir im Laufe des folgenden Jahrzehnts bereit, um das globale BIP in der Zeit von 2020 bis 2120 um

    a.   0,01 %
    b.   0,05 %
    c.   0,10 %
    d.   0,25 %

zu vergrößern?"

Ich denke, dass eine auf diese Weise gestellte Frage – trotz aller Subtilität – mehr als lehrreich ist, und möchte hinzufügen, dass sie absolut überzeugend ist. Auf diese Frage ist nämlich keine Antwort möglich, auch wenn sie die Environmentalisten heute und Tag für Tag selbstbewusst geben.

Als Einschub muss ich zur bisherigen Ausführung auch hinzufügen, dass die Ökonomen bereits vor geraumer Zeit, vor rund eineinhalb Jahrhunderten, vom vorwissenschaftlichen Prinzip abgegangen sind, dass der Wert der Güter (wenn auch ein breit definierter Begriff von Gütern, eher also der Wert von etwas Wertvollerem) objektiv messbar und gegeben ist. Sie begriffen nämlich, dass der Wert einen ausschließlich subjektiven Charakter hat. Eine derart totale Revolution sämtlicher Überlegungen, zu der es in der Ökonomie in der Ära zwischen der klassischen politischen Ökonomie und der neoklassischen kam, also um die Jahre 1860 bis 1870, vollzog sich in keiner anderen Gesellschaftswissenschaft, und ich fürchte, dass ihre weitreichenden Folgen auch von ansonsten gebildeten und kultivierten Menschen bis heute nicht begriffen werden. Von den Environmentalisten sicherlich nicht. Sie sehen alles um sich herum „objektiv". Das aber wäre ein Thema für eine eigenständige Studie.

In dem jüngst erschienenen, meiner Meinung nach sehr wichtigen Text „The Stern Review on the Economics of Climate Change"[9] widerspricht der bekannte Ökonom und Co-Autor des vielleicht bedeutendsten Volkswirtschaftslehrbuches, William Nordhaus, – gerade aufgrund des Konzepts der Diskontierung – dem bereits erwähnten Stern-Report grundsätzlich, der mit einer neuen Version einer katastrophischen Vision der globalen Erwärmung aufwartet. Ihm fiel auf, dass, obwohl sich Stern – im Unterschied zu den heute schon klassischen environmentalistischen Studien (des Club of Rome), die vom Modell des Forrestertyps ausgingen – auf die ökonomischen Standardmodelle stützt (die jenen sehr ähnlich sind, die auch Nordhaus schon einige Jahrzehnte benützt), „sich seine Schlussfolgerungen gänzlich von der Mehrzahl der ökonomischen Studien unterscheiden", die bisher publiziert wurden.

Nach sorgfältigem Studium des Stern-Reports gelangte Nordhaus zum Schluss, dass der Grund für die abweichenden Ergebnisse Sterns „extreme Annahmen im Bereich der Diskontierung sind"[10]. Nordhaus unterstreicht berechtigterweise, dass es sich nicht um eine unbedeutende, im Grunde technische Sache handelt, die nur „Feinschmeckern" interessant erscheint, sondern dass es um etwas ganz und gar Grundsätzliches geht, weil gerade die Diskontierung der Schlüssel für jeden wie auch immer gearteten Vergleich von Zukunft und Gegenwart ist. Sterns Arbeit setzt den „sozialen Diskontsatz" nahe null an. Das „erweitert die Folgen heutiger Entscheidungen für eine weit entfernte Zukunft enorm und rechtfertigt die tiefen Eingriffe in die Emissionen und gemeinhin in den Verbrauch von heute". Bei der Annahme von gewöhnlichen Diskontsätzen verschwinden Sterns katastrophische Ergebnisse und die sich daraus ergebenden Empfehlungen.

Auch der tschechische Ökonom Mojmír Hampl kritisierte im Februar-Newsletter des CEP[11] den niedrigen Diskontsatz in Sterns Modell. Stern will uns seiner Meinung nach „mit dessen Hilfe weismachen, dass die künftigen Generationen, die Jahrzehnte oder Jahrhunderte nach uns leben, die Kosten der globalen Erwärmung und die Kosten ihrer Verhütung auf ebensolche Weise wie wir heute bewerten werden, selbst wenn sie um vieles reicher als wir und technisch weitaus entwickelter sein werden, und dass sie sich möglicherweise mit ganz anderen Themen beschäftigen werden als wir heute"[12]. Er fügt hinzu: „Als ob wir nicht schon genug theoretische und empirische Beweise dafür hätten, dass die Bewertung des Morgen mit den Augen von heute (und somit eher eines entfernteren Morgen) immer eine Prognose schafft, die unseren Nachfahren lachhaft erscheint"[13].

Ähnlich sagt auch Prof. Singer (in persönlicher Korrespondenz), dass „die Wahl des Diskontsatzes gewöhnlich in ethischen Termini präsentiert wurde – der Wohlstand der Kinder und Enkel –, was einen sehr starken emotionalen Appell hat". Das Ergebnis ist, dass ein irreal niedriger Diskontsatz entsteht, der die zukünftigen Effekte heute durchgeführter Änderungen überbewertet.

Jener soziale Diskontsatz ist also der Schlüsselparameter, der die Bedeutung des Wohlstands künftiger Generationen mit dem der gegenwärtigen Generationen vergleicht. Beträgt er den Wert Null, dann bedeutet das, dass wir auf die künftigen Generationen in der gleichen Art und Weise blicken wie auf die heutigen, was gänzlich absurd ist. Die Environmentalisten (und N. Stern) werden sich wahrscheinlich damit verteidigen, dass ein sozialer Diskontsatz, der nicht null beträgt, die großen Kosten (Belastungen) ignoriert, die in Zukunft entstehen werden, weshalb sie die „Neutralität zwischen den Generationen" fordern. Ich habe mich darum bemüht, zu zeigen, dass das ein irreführender Ansatz ist.

Im bereits zitierten Artikel spricht auch der tschechische Umweltminister M. Bursík – gänzlich ohne Argumentation und ohne die tieferen Zusammenhänge durchdacht zu haben – vom „Prinzip der Gerechtigkeit zwischen den Generationen"[14]. Was stellt er sich darunter vor? Wahrscheinlich geht auch er von der Annahme eines Diskontsatzes von null oder beinahe null aus. Die Folge dieser Hypothese ist grundsätzlich. Wenn Nordhaus mit seinem Modell Sterns Ergebnisse durchrechnet und einen höheren Diskontsatz benützt, dann erhält er völlig andere Ergebnisse. Ich halte daran fest, dass die Leser der Informationen über den Stern-Report in den Medien überhaupt nichts dergleichen ahnen.

Die Sache mit dem Diskontsatz ist bei Stern etwas verworren (wie übrigens auch eine Reihe weiterer problematischer Voraussetzungen heutiger klimatologischer Modelle verworren ist). Nordhaus „liest" Sterns Diskontsatz mit dem Wert 0,1 %. Mendelsohn sagt in seiner bereits zitierten Kritik, dass „der Stern-Report voraussetzt, dass der Diskontsatz 0,1 % über dem Tempo der Verbrauchssteigerung liegt. Weil anzunehmen ist, dass der Verbrauch um 1,3 % wachsen wird [wie in Kapitel 3 diskutiert wurde], so beträgt der Diskontsatz 1,4 %."[15]. Auch diesen Diskontsatz erachtet Mendelsohn als zu niedrig. Percoco und Nijkamp[16] zitieren 13 verschiedene Schätzungen des sozialen Diskontsatzes in verschiedenen Ländern und gelangen zu einem Durchschnittswert von 4,6 %. Das ist um vieles mehr als bei N. Stern.

Weil das nicht klar war, gab N. Stern am 12. Februar 2007 als eine Art interpretativen Annex „After the Stern Review: Reflections and Responses"[17] heraus, in dem er den Unterschied zwischen dem Diskontsatz und dem „absoluten zeitlichen Diskontsatz" damit erklärt, dass erst der zweite den Wert 0,1 % habe. Recht hat wahrscheinlich eher Mendelsohn als Nordhaus, aber sehr klar – und für alle verständlich – ist das nicht.

Mendelsohn fügt richtig an, dass Sterns Diskontsatz schon sehr niedrig sei (verschiedene Autoren benützen Werte von 3 bis 6 %), kritisiert aber auch, dass Stern den Diskontsatz nicht für die Schätzung der Kosten, die der Kampf gegen die globale Erwärmung verursacht, heranziehe. Diese Kosten müsse man entgegen Sterns Aussage „notwendigerweise mit der Zahl drei multiplizieren"[18].

Der Stern-Report sagt, dass der Diskontsatz aufgrund von Unsicherheiten reduziert werden müsse. Wir behaupten das Gegenteil. Weil unser Wissen von künftigen Ereignissen desto unsicherer wird, je mehr sich der Zeithorizont ausdehnt, muss der Diskontsatz eher steigen als sinken. [19]

I. Byatt, I. Castles, I. M. Goklany, D. Henderson, N. Lawson,
R. McKitrick, J. Morris, A. Peacock, C. Robinson, R. Skidelsky
(Autoren der Zeitschrift „World Economics")

Ein sozialer Diskontsatz von null (oder fast null) führt dazu, dass die Zukunft nach denselben Kriterien bewertet wird wie das Heute. Ich wage zu behaupten, dass alles davon abhängt, ob wir die Sinnlosigkeit dieser Aussage begreifen oder nicht. Wenn nicht, dann hat eine seriöse Diskussion keinen Sinn und führt auch zu nichts.

Zusammenfassend kann man mit D. Tříska sagen, dass „vielleicht der Hauptbeitrag der ökonomischen Theorie zur Debatte über die globale Erwärmung die Forderung nach einer verpflichtenden Darlegung aller Voraussetzungen ist, auf denen eine vorgelegte Analyse aufgebaut ist – das heißt, es ist eine deutliche Unterscheidung dieser Voraussetzungen von den eigentlichen Ergebnissen der Analyse zu machen"[20]. Das ist im Übrigen eine elementare Anforderung an jede wissenschaftliche Arbeit.

Kapitel 5

Die Analyse von Kosten und Erträgen, oder der Absolutismus des Vorsorgeprinzips?

Eine weitere ungemein problematische Sache, die man im Zusammenhang mit diesem Thema ausdrücklich anführen muss, ist das von den Environmentalisten falsch (oder für sie vielleicht richtig?) verstandene, aber in jedem Fall für ihre Ziele im Wesentlichen missbrauchte sogenannte Vorsorgeprinzip (manchmal auch Prinzip der vorläufigen bzw. präventiven Vorsicht).

Sie verwenden es apriorisch und unumschränkt, und das führt sie zur Verteidigung der anders nicht begründbaren Maximierung der Risikoaversion, was ich jedoch keinesfalls als lächerlich erachte, weil es – an und für sich – sehr „menschlich ist". Diese Aversion muss aber ihre rationalen Grenzen haben. Jeder intelligente Mensch minimiert das Risiko, daran ist nichts Falsches. Es geht aber um eine vernünftige Risikominimierung. F. Singer formuliert es sehr treffend: „Ich schließe keine Versicherung ab, wenn das Risiko gering und die Prämie hoch ist. Wir werden aber aufgefordert, eine ‚Versicherungspolitik' zu betreiben, auch wenn das Risiko sehr gering ist (wenn überhaupt vorhanden), und eine sehr hohe Versicherungsprämie zu zahlen."[1] Faktisch handelt es sich darum, dass wir – nach dem Kyoto-Protokoll – den Energieverbrauch um ein Drittel verringern sollen, und die Folge wird – bis zum Jahr 2050 – die Absenkung der Temperatur um 0,05° Celsius sein!

M. Bursík führt uns den Missbrauch dieser Haltung ganz arglos vor, und das gleichsam umgeben vom „Zauber des Ungewollten", wenn er sagt: „Wir haben zwar keine Beweise, aber wir gehen vom Vorsorgeprinzip aus."[2] Dieser Satz könnte für eine eigenständige Analyse stehen. Wir sollen etwas tun, das sehr grundlegend (und kostspielig) ist, auch wenn wir dafür nicht genügend Beweise haben?

Die Ökonomen kennen dieses „Prinzip" in einer solchen Gestalt eigentlich gar nicht. In ihren Standardlehrbüchern ist es nicht angeführt. Auf ein solches Problem gehen sie mit dem Blick auf beide Seiten zu. Deshalb ziehen sie nicht nur Effekte, sondern auch die Kosten von allem, also auch von jener apriorischen Vorsicht, in Erwägung. Deshalb treten sie gegen die leichtsinnige Durchsetzung aller Regulierungsmaßnahmen auf, die einen nullfreien Effekt versprechen. Sie erinnern an Erträge und Kosten von Alternativen und vor allem an sogenannte Opportunitätskosten („opportunity costs") oder an die Effekte alternativer Aktivitäten, die durch eine regulierende Maßnahme „verspielt" wurden. Den Studenten habe ich immer wieder gesagt, dass das Verständnis des Konzepts der „opportunity costs" eine von wenigen – und es gibt nicht allzu viele – Voraussetzungen für den Erwerb eines Hochschuldiploms ist.

Die Ökonomen erinnern auch daran, dass nicht nur eine Aktion Kosten verursachen kann, sondern auch eine Nichtaktion, also deren Absenz. Auswirkungen haben selbstverständlich sowohl die Durchführung als auch die Nichtdurchführung irgendwelcher Maßnahmen. Die Environmentalisten sehen das aber nicht so. Jim Peron schreibt in seinem Artikel mit dem signifikanten Titel „The Irrational Precautionary Principle", dass diese Ansichten noch auf etwas anderes abzielen und dass in der heutigen Zeit „das Vorsorgeprinzip einen Umbruch in der Rechtstheorie verursacht"[3]. Ich habe Angst, dass es dazu auch in der rechtlichen Praxis kommt. Und nicht nur im Bereich des Rechts.

Ich bin Zeuge davon, dass die Environmentalisten das absolutistisch aufgefasste Vorsorgeprinzip als „Rechtfertigung" für jede beliebige Regulierungsmaßnahme und für jedes beliebige Verbot benützen. Für seine Anwendung genügt es ihnen – nach dramatischer Schilderung der drohenden Katastrophe –, zu moralisieren, über die Zukunft zu predigen und ihre „Sorgen um die Menschheit" à la Al Gore vorzuführen. „Wenn etwas einen Schaden hervorrufen kann, dann stoppen wir es", sagen sie. Darin befindet sich das Wort „kann" und darin befindet sich das Wort „Schaden". Sie sollten darüber hinaus zwischen „Schaden" und „Nebeneffekt" unterscheiden. Weil nichts „nur so" ist oder sein kann, weil alles menschliche Handeln seine Nebeneffekte hat (und somit auch Kosten verursacht), ist es nur mehr ein kleiner Schritt, zu sagen, dass besser fast alles zu verbieten sei.

Derartigen Betrachtungen begegnen wir jetzt Tag für Tag. Der Prototyp ihrer Anwendung und der gegenwärtige Hauptkampfplatz der Environmentalisten sind ihre Anschauungen über die Produktion elektrischer Energie, die sie – trotz all ihrer starken Rhetorik – auch selbst Tag für Tag intensiv nützen. Die vor einiger Zeit publik gewordene Story über das energetisch außerordentlich anspruchsvolle Haus von Al Gore ist äußerst anmutig. Sicherlich wollen die Environmentalisten nicht zum Rousseau'schen Wilden und zu seinem angeblich idyllischen Leben zurückkehren. Zumindest nicht in der Realität ihres eigenen Lebens.

Die Einseitigkeit und Flachheit der Betrachtungen der Environmentalisten über die Energetik zeigt beispielsweise Michael Heberling überzeugend in seinem Artikel „It's Not Easy Being Green"[4], indem er ihre Ansichten über einzelne Typen von Energiequellen analysiert. Im Unterschied zum Gebrauch von Kohle, Gas und Erdöl ist nach der Meinung der Environmentalisten beispielsweise geothermale Energie immer (und eigentlich automatisch) weitaus besser, weil sie ihrer Meinung nach unerschöpflich ist. Für sie somit unbegrenzt und deshalb kostenlos, was zu behaupten freilich ein fataler Fehler ist. Es ist mehr als offensichtlich, dass die Gewinnung extrem aufwendig ist. Selbstverständlich mit der heutigen Technologie, aber sie wollen sie schon heute haben, ohne Rücksicht auf Kosten und Preise.

Es ist vernünftig, zu erwarten, dass die Energie immer besser zugänglich und immer weniger teuer sein wird.[5]

Julian Simon, Ökonom

Ebenso wollen sie nicht zugeben, dass nicht nur Kohlekraftwerke, sondern auch Wasserkraftwerke die Umwelt zerstören. Darüber, wie Wasserkraftwerke die Ökosysteme der Flüsse zerstören, sei es in Assuan am Nil, am Gelben Fluss in China oder am brasilianischen Iguaçu, könnten uns die Einheimischen so manches erzählen. Die „kleinen" (authentischen) Umweltschützer wissen das gut, nicht aber die Environmentalisten.

Das Verbrennen von Biomasse (als „jüngstes" pflanzliches Produkt, ein Terminus, der mir sehr gefällt) wird der Logik der Environmentalisten entsprechend für gut befunden, aber das Verbrennen von Kohle (als „altes" pflanzliches Produkt) für schlecht? Warum? Auch das ergibt keinen Sinn. Das Verbrennen von Biomasse produziert darüber hinaus zweifelsohne auch CO_2. Warum spricht man darüber überhaupt nicht?

Energie aus Sonne und Wind sind für sie auch „gratis", weil beide „unerschöpflich" sind, aber die Energetiker (wie auch die Ökonomen und ganz gewöhnliche Menschen) wissen, dass Solar- und Windenergie aus einer Reihe von Gründen sehr teuer sind. Beispielsweise deshalb, weil der Boden, der für Kraftwerke dieses Typs in großem Ausmaß unabdingbar nötig ist, bei weitem nicht unerschöpflich ist. Er ist nicht kostenlos und schon gar nicht gratis.

Heberling führt an, dass in den USA, um die von den Environmentalisten geforderten 5 % elektrischer Energie aus Windkraftanlagen zu erzeugen, die Errichtung von weiteren 132.000 Windturbinen nötig wäre. Das ist eine schier unglaubliche und vor allem unvorstellbar große Zahl. Steht für diese Anzahl von Windkraftanlagen eines der klassischen Produktionsmittel – Boden – zur Verfügung? Steht er zu einem annehmbaren Preis zur Verfügung? Steht es dafür, dass die Rotorblätter dieser Turbinen „ökologisch" (oder im Interesse der Environmentalisten) jährlich 12 bis 15 Millionen Vögel töten? Und was ist mit der Ästhetik (wie wir es nördlich von Wien oder südlich von Berlin sehen)?

Temelín durch Windkraftanlagen zu ersetzen würde die
Errichtung von rund 5.000 solcher Anlagen erfordern.
Würde man sie nebeneinanderstellen, würden sie
eine Linie von Temelín nach Brüssel ergeben.[6]

Václav Klaus, eigene Berechnung

R. Mendelsohn, Professor für Umweltstudien an der Universität von Yale, sagt etwas sehr Gewichtiges über den Stern-Report: „Es ist leicht, sich eine Windkraftanlage und einen Sonnenkollektor vorzustellen. Um die Ziele des Stern-Reports zu erreichen ist es nötig, 5 bis 10 Millionen Hektar Sonnenkollektoren (tunlichst so nahe am Äquator wie möglich) und 2 Milli-

KAPITEL 5

die analyse von kosten und erträgen, oder der absolutismus des vorsorgeprinzips?

onen Windkraftanlagen auf 33 Millionen Hektar zu errichten. Der Anbau der Biomasse würde eine Fläche von 500 Millionen Hektar landwirtschaftlicher Nutzfläche erfordern"[7]. Er fügt hinzu, dass die Folgen dieser Projekte für die Umwelt ganz und gar außer Acht gelassen werden.

> *Um die in unseren Atomkraftwerken erzeugte Energie auf andere Art zu produzieren, müssten wir entweder rund 20.000 Windkraftanlagen errichten oder anderweitig nicht nutzbare Pflanzen auf einer Fläche von einer Million Hektar anbauen – sogenannte Biomasse, die als Treibstoff dienen kann. Eine Million Hektar ist ein Viertel der landwirtschaftlichen Nutzfläche oder ein Siebentel der gesamten Fläche unseres Landes.*
>
> Martín Říman, Minister für Industrie und Handel der Tschechischen Republik

Mit Argumenten dieser Art könnte man immer weiter und weiter fortfahren, aber mir geht es jetzt um nichts anderes als um die Veranschaulichung dessen, dass ein schlecht verstandenes „Prinzip der präventiven Vorsicht" gegenüber der Gefahr, die aus der Verwendung von Kohle oder von aus Atomkraft gewonnener Energie entsteht – also ohne konsequent durchgeführte, detaillierte und sorgfältige „cost-benefit"-Analyse –, völlig ineffektive Lösungen nach sich zieht, die unsere Zukunft mehr als unverhältnismäßig belasten werden. Im Leben „gibt man, um etwas zu bekommen". Auch mit der Vorsicht ist es so. Diese ist gewöhnlich am teuersten. Das Gegenteil zu behaupten ist unverantwortlicher Populismus.

In einem Gespräch für ICIS Chemical Business[8] führt Lomborg einige gute Beispiele dieses „eins für's andere" an. Es wird geschätzt, dass es trotz der Beschränkung von Pestiziden in den USA jährlich zu rund 20 Todesfällen infolge von Krebserkrankungen kommt, die auf die Rückstände von Pestiziden in Lebensmitteln zurückzuführen sind. Das vollkommene Verbot von Pestiziden würde also 20 Menschenleben retten. Die steigenden Kosten für den Anbau von Obst und Gemüse (ohne Pestizide) erhöhen die Preise und verringern ihren Absatz um mindestens 10 bis 15 %, wodurch man von einer Zunahme der Krebstoten um geschätzte 26.000 ausgehen kann. Das Verhältnis 20 zu 26.000 ist sehr aussagekräftig. Wo ist jenes Vorsorgeprinzip?

Ähnliche Betrachtungen kann man über den Einfluss der Temperaturerhöhung anstellen. Schätzungen gehen davon aus, dass in Großbritannien um das Jahr 2050 um 2.000 Menschen mehr an der Hitze sterben werden. Gleichzeitig schätzt man, dass es um 20.000 Kältetote weniger geben wird. Sehr verständlich sind auch die Daten aus den USA. Im bereits zitierten Buch zeigt I. M. Goklany, dass in der Zeit von 1979 bis 2002 in den USA in Summe 8.589 Personen infolge der Hitze starben, während 16.313 Menschen wegen der Kälte ihr Leben verloren[9]. Es sieht also so aus, dass uns eine leichte Temperaturerhöhung nur gut tun könnte, auch wenn es sich nur um 0,056 % aller Todesursachen handelt.

Anders gesagt: Ja zur Analyse der Kosten und Erträge, nein zum Apriorismus des Vorsorgeprinzips.

Kapitel 6

Wie ist das mit der globalen Erwärmung in der Realität?

Es stünde dafür, am Beginn einige illustrative Daten anzuführen. Um diese aufzuspüren, muss man nicht einmal weit entfernt suchen. Das Tschechische Hydrometeorologische Institut veröffentlichte im März 2007 den „Atlas podnebí Česka"[1]. Ich habe dessen Autoren gebeten, mir eine zufällige Zeitreihe aus einer meteorologischen Station ihrer Wahl zukommen zu lassen, an der die Temperatur über einen langen Zeitraum gemessen wird. Sie haben mir empfohlen, nicht die Hauptstadt Prag zu nehmen, und so wählten sie die Wetterstation Opava.

Die Entwicklung der Temperatur in Opava für den Zeitraum 1921–2006 zeigt die folgende Graphik.

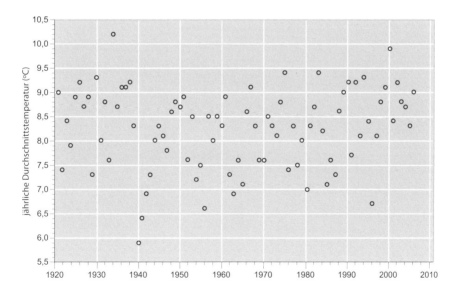

Quelle: Tschechisches Hydrometeorologisches Institut

Auf den ersten Blick ist über die Zeit betrachtet keine Entwicklung zu be-
obachten. Der durchschnittliche Wert für die Temperatur in Opava beträgt
für die letzten 86 Jahre 8,3 °C. Versuchen wir mithilfe einer Regressions-
analyse diese Daten auf einer Geraden anzuordnen, erhalten wir für die
Trendkomponente einen Wert von 0,0028 °C pro Jahr. Um es für den Laien
verständlich auszudrücken, bedeutet dies eine Zunahme der Durchschnittstemperatur um 0,028 °C in zehn Jahren und um 0,28 °C in hundert Jahren.
Es ist natürlich klar, dass die Schätzung dieser Parameter keine statistische
Signifikanz aufweist, aber mir ging es überhaupt nicht um die Suche nach
einer Kurvenlinie, um diese 86 Werte so genau wie möglich in einer Zeitreihe abzubilden. Ebenso gut weiß ich, dass vieles – bei diesem relativ kurzen
zeitlichen Intervall – von der Wahl des Beginns und des Endes der Zeitreihe
abhängt, aber diese habe nicht ich ausgewählt. Es ist evident, dass die Wahl
eines anderen Beginns zu einem anderen Ergebnis führen könnte.

Es ist möglich, mit dem Beginn und auch mit dem Ende der Zeitreihe „zu
spielen", aber auch das ist sehr aussagekräftig. Man kann verschiedene glei-
tende Durchschnittswerte berechnen. Die Meteorologen haben z. B. einen
gleitenden Durchschnitt von 11 Jahren für mich berechnet – weil dieser der
Periode der Sonnenaktivität entspricht. Ich selbst habe für mich beispielsweise auch einen 30-jährigen gleitenden Durchschnitt berechnet, aber das führt
zu keinem grundsätzlich anderen Ergebnis. Ein 30-jähriger Durchschnitt
zeigt eine hohe Anfangstemperatur, eine Abnahme bis in die 1970er-Jahre
und anschließend einen leichten Anstieg. Für den Laien ist es wahrscheinlich
einfacher, einen Blick auf den Durchschnitt der einzelnen Dekaden zu werfen. Bei einem Gesamtdurchschnitt von 8,3 °C beträgt der Durchschnitt der
Dekaden 1921 bis 1930 und 1931 bis 1940 jeweils 8,5 °C, was jenem Wert entspricht, der erst wieder in der Dekade 1991 bis 2000 erreicht wurde. Die einzige wärmere Periode als die 20 Jahre von 1921 bis 1940 ist die unvollständige
Dekade von 2001 bis 2006. Diese Daten will ich weder verallgemeinern noch
überbewerten, ich führe sie nur als einführende Illustration des Problems an.

Etwas völlig anderes als die gesellschaftswissenschaftlichen Überlegungen,
die auf den vorangegangenen Seiten durchgeführt wurden, sind die Ergebnisse seriöser empirischer Analysen über die Klimaänderungen, einschließlich der globalen Erwärmung als solche, ihre Glaubwürdigkeit und darüber

hinaus noch – als weitere Dimension all dessen – die Glaubwürdigkeit ihres medialen Auftretens. Auch wenn man sich beinahe dagegen sträubt, dies zu glauben, handelt es sich doch um zwei nahezu gegensätzliche Dinge.

Patrick J. Michaels, der ehemalige Präsident der Amerikanischen Klimatologischen Gesellschaft, zweifelt – für mich sehr überzeugend – in seinem Buch „Meltdown: The Predictable Distortion of Global Warming by Scientists, Politicians and the Media"[2] das Phänomen der globalen Erwärmung an und stellt drei grundsätzliche Fragen, die das ganze Problem auf rationale Art strukturieren:

1. Kommt es überhaupt zu einer globalen Erwärmung?
2. Falls ja, wird sie durch die Aktivitäten des Menschen verursacht?
3. Falls sie vom Menschen verursacht wird, kann man dagegen etwas tun?

Die vierte Frage wäre, ob ein eventueller geringer Temperaturanstieg dem Menschen schadet.

Sehr ähnlich formuliert diese Fragen ein weiterer anerkannter amerikanischer Wissenschafter, Prof. S. F. Singer, zum Beispiel in seinem Beitrag „The Climate Change Debate: Comment"[3]:

1. Gibt es Beweise – dafür oder dagegen – über einen bedeutsamen Einfluss des Menschen an der heutigen Erderwärmung?
2. Wäre ein wärmeres Klima besser oder schlechter als das heutige?
3. Kann der Mensch mit dem Klima irgendetwas machen?

Diese und viele andere Autoren gelangen zu ganz abweichenden Ansichten, als es heute modern und politisch korrekt ist, und beschäftigen sich darüber hinaus mit der Frage, warum das so ist. Sie gehen nicht davon aus, dass es in der Wissenschaft selbst so große Differenzen gibt. P. J. Michaels analysiert in seiner letzten Studie „A Review of Recent Global Warming Scare Stories" aufmerksam einerseits die „unlängst erschienenen wissenschaftlichen Nachrichten über Klimaänderungen" und andererseits „die öffentliche Kommunikation dieser Nachrichten"[4]. Ich füge hinzu, dass sich das alles noch vor der Veröffentlichung nicht einmal des ganzen Stern-Reports, sondern nach dem Bekanntwerden seines politischen Resümees und vor der Veröffentlichung des „politischen Resümees" des 4. IPCC-Berichts ereignet hat. Als das eigentliche und grundsätzliche Unglück erachtet Michaels die Tatsache, dass zwischen den ursprünglichen wissenschaftlichen Berichten und der öffentlichen Präsentation ihrer Ergebnisse in den für gewöhnlich leicht zugänglichen Medien ein riesiger Unterschied besteht. Die Folge sind massenhaft verbreitete Halbwahrheiten, wenn nicht sogar Desinformationen, die – so hat es den Anschein – deren Autoren absichtlich und oft vor allem deshalb in die Welt setzen, damit ihre eigenen, generös ausgestatteten öffentlichen Fonds zur Erforschung der vorhergesehenen unabsehbaren Katastrophen bestmöglich aufgefüllt werden können. Je „unabsehbarer" einem die Katastrophe erscheint, desto mehr Geld steht zur Verfügung.

Auf ähnliche Art äußert sich dazu L. Motl, ein an der Harvard University arbeitender tschechischer Physiker, in seinem Artikel „Zweifel an der globalen Erwärmung". „Wissenschafter, deren Forschung zu abweichenden Prognosen oder zu einer abweichenden Erklärung der vorliegenden Daten führt, werden laufend bedroht, sie werden beschuldigt, mit den ‚bösen' Erdölgesellschaften unter einer Decke zu stecken, sie werden beim Erhalt von Fondsmitteln und in ihrer Karriere behindert. Sofern jemand doch noch zu unbequemen Ergebnissen gelangt, werden seine Artikel nicht gedruckt. Die Artikel, die abgedruckt werden, werden erneut nach einem ideologischen Schlüssel ausgewählt. Die Resümees der wissenschaftlichen Berichte werden von den politisch aktivsten und folglich von den befangensten Mitgliedern des wissenschaftlichen Teams verfasst."[5] Dem muss man wohl wirklich nichts mehr hinzufügen. Das alles haben einige von uns in der kommunistischen Ära am eigenen Leib erfahren. Für die heutigen frustrierten Autoren muss das ein sehr ähnliches Gefühl sein.

Genau und sehr treffend beschrieb Michael Crichton dieses Problem, für manch einen sicherlich so dramatisch, dass er es nicht glauben will, in seinem Buch „State of Fear"[6], in das er sein außerordentliches belletristisches Können einfließen lässt. Dieses Buch zählt zur Pflichtlektüre, auch wenn es reine „fiction" ist. Ebenso hält Norman Lamont, der frühere britische Finanzminister, in seinem Essay „Appeal to Reason" „die vor Kurzem erfolgten Versuche für schockierend, die Finanzierung jener Klimatologen einzustellen, die keine alarmierenden Positionen vertreten"[7].

Einer ein wenig anderen Argumentation folgend widmet sich den gleichen Problemen Julian Morris in seinem Artikel „Popper, Hayek and Environmental Regulation"[8], in dem er sich mit allgemeinen Fragen der Entstehung wissenschaftlicher Theorien beschäftigt. Er beruft sich auf Poppers Kritik des Ursprungs des wissenschaftlichen Monopols[9] und erinnert an das allgemeine Problem des Monopsons, also einer Situation, in der es nur einen „Kaufenden" gibt. Im Falle der environmentalistischen Doktrinen hat der Staat dieses Kaufmonopol. Morris gelangt zum Schluss, dass dank dieses Mechanismus „das Geld zu jenen Wissenschaftlern gelangt, von denen sich annehmen lässt, dass sie die Prognosen über die bedrohlichen klimatischen Veränderungen und deren ungünstige Folgen für den Menschen bestätigen"[10]. Und das auch in einer Situation, in der es offensichtlich ist, dass „das Klima, im Unterschied zum morgigen Wetter, derart komplex ist, dass es sich nicht vorhersagen lässt"[11].

Von einer derartigen Herabwürdigung der Wissenschaft lassen sich zum Glück nicht alle vereinnahmen. Einen seriösen statistischen Überblick und die Ablehnung von Zahlenspielereien bietet zum Beispiel Bjørn Lomborg, dessen ins Tschechische übertragene Buch „Skeptical Environmentalist"[12] bei seinem Erscheinen im Jahr 2006 – als es weltweit diskutiert wurde – selbst keine tiefer gehende Diskussion ausgelöst hat. (Bereits im Februar 2004 habe ich mich darum bemüht, das Los dieses Buches bei den Environmentalisten und deren „fellow travellers" im als Anhang in diesem Buch angeführten Artikel „Krampfhafte Reaktion ökologischer Aktivisten" darzustellen[13])

Mit ähnlichen Worten äußerte sich Luboš Motl dazu: „Es hat schon genügt, dass Bjørn Lomborg Argumente darüber sammelte, dass eine eventuelle Erderwärmung für die Menschheit von Vorteil sein könnte. Die moderne dänische Inquisition, genauer gesagt das Dänische Komitee für wissenschaftliche Unehrlichkeit, begann im Auftrag ökologischer Aktivisten blitzartig an Lomborgs Exkommunikation zu arbeiten, und es dauerte ein Jahr, bis Lomborg rehabilitiert wurde."[14] Ähnlich sieht das auch I. M. Goklany: „In einer der bizarrsten Episoden in der Beziehung zwischen Wissenschaft und Glaube seit den Zeiten von Galileis Verurteilung wurde Lomborg von einer Organisation beschuldigt, die einen Orwell'schen Namen trägt – Dänisches Komitee für wissenschaftliche Unehrlichkeit."[15]

Ergibt es überhaupt einen Sinn, über die Erderwärmung zu sprechen, wenn wir dieses Thema im zeitlichen Kontext der Entwicklung unseres Planeten im Zeitraum von hunderten Millionen Jahren sehen? Jedes kleine Kind lernt in der Schule von den Temperaturschwankungen, über die Eiszeit, über die völlig andere Vegetation im Mittelalter im Gegensatz zu heute und ebenso fällt ihm so notwendigerweise auf, dass es auch im Laufe seines Lebens zu Temperaturrekorden kommt (aber in beide Richtungen). Im Monat Jänner 2007 wurde bei uns der Temperaturrekord gebrochen, der 46 Jahre gegolten hatte. Gab es vor 46 Jahren auch eine globale Erwärmung oder fand gerade damals, vor 46 Jahren, ein zufälliger Ausschlag auf der Temperaturkurve statt?

Wie es möglich ist, Zeitreihen alternativ zu präsentieren, zeigen die folgenden zwei Graphiken sehr anschaulich, die von Crichton stammen. Die erste dramatisiert die Entwicklung durch die Wahl des Maßstabs und der Länge der Zeitreihe, die zweite wirkt im Gegensatz dazu „beruhigend".

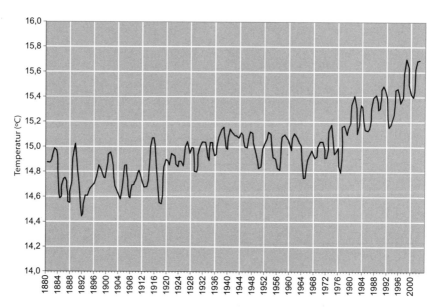

Weltweite Durchschnittstemperatur in den Jahren 1880–2003.

Quelle: Crichton M., Our Environmental Future, National
Press Club, Washington D. C., 25.1.2005

Wie sollte man die letzte Entwicklung des Klimas betrachten? L. Motl erläutert es genau: „Die Aussage, dass die Erderwärmung im 20. Jahrhundert
präzedenzlos war, wurde in ein sogenanntes ‚Hockeyschläger-Diagramm‘[16]
eingetragen, welches das Symbol des 3. Klimaberichts der UNO aus dem
Jahr 2001 wurde. Dieser Graphik zufolge war die Durchschnittstemperatur der Erde 900 Jahre (oder mehr) im Grunde konstant und schoss um
das Jahr 1900 (durch den Einfluss des Menschen) steil nach oben. Es zeigte
sich allerdings, und das vor allem durch das Verdienst der relativen Out-
sider Steven McIntyre und Ross McKitrick, dass das ‚Hockeyschläger-Diagramm‘ auf fehlerhaften statistischen Methoden aufgebaut war. Aus dem
neuen Klimabericht der UNO für das Jahr 2007 war das ursprüngliche
‚Hockeyschläger-Diagramm‘ stillschweigend entschwunden und alle tun
so, als ob es nie existiert hätte.“[17] Auf ähnliche Art und Weise spricht M.
Crichton über das Schicksal dieses „Hockeyschläger-Diagramms“, das ursprünglich im Jahr 1998 von M. Mann erstellt worden war, in seinem Wa-
shingtoner Vortrag vom Jänner 2005.[18]

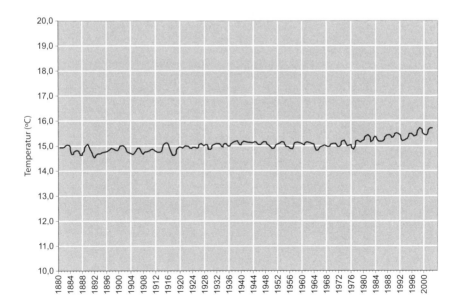

Weltweite Durchschnittstemperatur in den Jahren 1880–2003.

Quelle: Crichton M., Our Environmental Future, National
Press Club, Washington D. C., 25.1.2005

Das erwähnte Buch von Michaels mit dem bezeichnenden Titel „Meltdown"
(zum Beispiel über das nicht existierende Abschmelzen der Gletscher) ist
in diesem Zusammenhang vollkommen überzeugend. Ähnlich äußert
sich im tschechischen Kontext J. Novák im Artikel „Die Klimaerwärmung
nimmt dramatisch zu. Kommt eine Eiszeit?" dazu. Er betont gerade jene
Langfristigkeit der Klimaentwicklung und meint, wenn die Menschen
1.000 Jahre leben würden, „würden sie kuriosere Dinge erleben … landwirtschaftliche Anwesen auf Grönland, Schnee wie zu Weihnachten mitten
im böhmischen Sommer, Weinreben, die auf dem heute ungastlichen Neu-
fundland reifen, oder zugefrorene Meere an Europas Küsten"[19]. Ebenso
sollten sich die Menschen – die Konsumenten der Theorie über die globale
Erwärmung – überlegen, dass „die holländischen Meister Schlittschuhläu-
fer auf der zugefrorenen Nordsee malten". Das, „was wir globale Erwärmung nennen, begann offensichtlich noch vor dem Beginn der industri-
ellen Revolution"[20], also vor jenem Zeitpunkt, an dem der hypothetische
zerstörerische Einfluss des Menschen auf das globale Klima einsetzte.

Ähnlich argumentiert auch ein weiterer tschechischer Autor, J. Balek, in
seinem Artikel „Hydrological Consequences of the Climate Changes". Seiner Meinung nach „wurden die klimatischen Variabilitäten und Änderungen immer durch periodische, außerhalb unserer Erde liegende Einflüsse
hervorgerufen"[21]. „Die intensiven menschlichen Aktivitäten nehmen in
der Geschichte unseres Planeten nur einen kurzen Zeitraum ein, während
sich mehr oder weniger markante klimatische Änderungen fortwährend
ereignen, lange bevor in dem ganzen Prozess eine destruktive Tätigkeit des
Menschen zur Geltung gebracht wurde."[22]

In einer persönlichen Mitteilung argumentiert ein weiterer tschechischer
Autor, George Kukla von der Columbia University in New York, sehr ähnlich: „Die gegenwärtige Erwärmung ist ein natürlicher Prozess, der durch
die sich ändernde Geometrie im Umlauf der Erde um die Sonne verursacht
wird. Es gibt schlicht und ergreifend nichts, womit die Menschheit dem
Einhalt gebieten könnte, auch wenn sie es wollte." Sehr treffend formuliert
er, dass es sich um einen Prozess handelt, zu dem die „Menschheit, zumindest einstweilen, nur minimal beiträgt. Sie trägt dazu bei, mit Sicherheit
verursacht sie ihn aber nicht!"

Bereits der von L. Motl erwähnte R. McKitrick lehnt in seinem Artikel „Is the Climate Really Changing Abnormally?" auf der Grundlage sehr sorgfältiger statistischer Analysen ebenfalls den Gedanken der markanten globalen Erwärmung ab. Er argumentiert damit, dass „sich das Ende des 20. Jahrhunderts innerhalb der natürlichen klimatischen Schwankungsbreite befindet"[23] und dass es „im Vergleich mit der jüngeren Geschichte auf keinen Fall ein klimatisches Unikat darstellt"[24].

Ein bedeutendes, in die gleiche Richtung gehendes Argument enthält auch die Studie von S. F. Singer und D. T. Avery mit dem Titel „The Physical Evidence of Earth's Unstoppable 1500 Year Climate Cycle"[25], die eine Zusammenfassung der sehr umfangreichen wissenschaftlichen Literatur über die langzeitlichen Temperaturschwankungen auf der Erde ist (sie verweist auf 101 wissenschaftliche Arbeiten) und im Grunde genommen als gekürzte Fassung vor einiger Zeit in Buchform mit gleichem Titel vorgelegt wurde[26]. Bereits in der Überschrift wird die grundsätzliche Hypothese der Autoren deutlich: „der Klimazyklus in einer Länge von 1.500 Jahren (plus/minus 500 Jahre)" und sein „unstoppable" (also unaufhaltsamer) Charakter.

Persönlich meine ich, dass es zu einer geringen Erderwärmung kommen wird. Aber ich denke, dass die Erwärmung weitaus geringer sein wird, als sie die gegenwärtigen Modelle der Klimatologen vorhersagen. Um vieles geringer. Sie wird schwer messbar sein.[27]

Fred Singer, University of Virginia

Die Autoren zweifeln nicht daran, dass es zu einer sicheren, wenn auch sehr geringen Erwärmung kommen wird, aber auf der Grundlage äußerst umfangreicher Analysen sind sie davon überzeugt, dass diese geringe Erwärmung Teil jenes 1.500-jährigen Zyklus ist und dass „menschliches Handeln damit nur sehr wenig zu tun hat"[28]. Sie sprechen deshalb von der „mittelalterlichen Erderwärmung" – etwa die Zeit von 950 bis 1300 –, über die „kleine Eiszeit" – etwa von 1300 bis 1850 – und schließlich über die „moderne Erderwärmung" nach dem Jahr 1850. Sie führen eine Reihe von Beweisen gänzlich szientistischer Art an, auch aus der jüngsten Vergangenheit, aus der schriftliche Aufzeichnungen existieren, und bringen auch „menschliche" Argumente ein.

Für einigermaßen nebensächlich im Kontext dieser meiner Diskussion erachte ich Singers und Averys Erläuterungen über die Ursache dieses Zyklus, der für sie nicht auf endogene, sondern auf exogene Kräfte zurückzuführen ist und mit dem Verhalten der Sonne in Zusammenhang steht, das – wie allgemein bekannt und anerkannt ist – „nicht konstant ist"[29]. Ähnliche Überlegungen stellt auch S. Baliunas (vom Centre for Astrophysics in Harvard) an, die auch damit argumentiert, dass „die Sonne das Schlüsselelement der natürlichen Klimavariabilität auf der Erde ist" und dass wir „bis jetzt die solaren Zyklen nicht in einem solchen Umfang verstehen, als dass wir sie mit unseren Klimamodellen in Einklang bringen könnten"[30].

Überzeugend ist auch die Diskussion von Singer und Avery über die Entwicklung der Gletscher, die den Argumenten von Michaels sehr ähnlich ist. Auch die Gletscher haben in diesem 1.500-jährigen Zyklus eine sehr vorhersehbare Entwicklung genommen. Seit dem Jahr 1850 kam es zwar zu einer Abnahme der Gletscher (wenn auch nur von einigen), aber – und das ist einigermaßen überraschend – „es gibt keine Beweise dafür, dass die arktischen Gletscher im 20. Jahrhundert rascher abnehmen"[31]. Im Gegenteil, „der Rückgang der Gletscher verringert sich von Jahr zu Jahr". Eine ähnliche Entwicklung gibt es bei den Gletschern der Alpen. Von 1850 bis heute haben sie 60 % ihrer Eismasse eingebüßt, aber interessant ist der zeitliche Verlauf. Sie verloren 20 % in der Zeit von 1855 bis 1890, blieben von 1890 bis 1925 unverändert, verloren weitere 26 % in der Zeit von 1925 bis 1960, blieben in der Zeit von 1965 bis 1980 erneut unverändert und verloren nach dem Jahr 1980 nur 5 %, also zu einem Zeitpunkt, als die environmentalistische Bewegung „erst" entstand und als sich die Menschen – nicht aber die Wissenschafter – dieses Phänomens bewusst wurden. Der Zusammenhang zwischen dem Abschmelzen der Gletscher und dem Treibhauseffekt ist also offensichtlich gleich null. Auch wenn es nicht meine Absicht ist, so sehr ins Detail zu gehen, so sind diese Dinge doch auch sehr wichtig.

Die Gegend um den Kilimandscharo kühlt sich ab, aber der Gletscher geht schon seit mehr als 100 Jahren zurück. Nicht wegen der Erderwärmung, aber wegen des langzeitlichen Rückgangs der Niederschläge.[32]

Ch. C. Horner, Competitive Enterprise Institute

Ähnlich ist es mit der Diskussion über den höher werdenden Meeresspiegel. In einem bisher unveröffentlichten Text vom Dezember 2006 erinnert S. F. Singer daran, dass es seit der letzten Eiszeit vor 18.000 Jahren zu einer Erhöhung des Meeresspiegels um 120 Meter gekommen ist! In den vergangenen Jahrhunderten setzte sich die Erhöhung um ca. 18 cm pro Jahrhundert fort. Er vertritt die Ansicht, dass es nicht zu einer Erhöhung der Geschwindigkeit dieses Prozesses kommt und dass es nicht einmal dazu kommen wird (im Gegensatz zur Meinung von James Hauser, auf den sich Al Gore stützt und der für das 21. Jahrhundert einen Anstieg des Meeresspiegels nicht um 18 cm, sondern um 6 Meter voraussagt!).

Etwas anderes aber hat mich mehr gefesselt, etwas, das für mich ganz und gar grundsätzlich ist. Der erste zwischenstaatliche Ausschuss der UNO im Jahr 1990 veranschlagte – völlig souverän – den Anstieg des Meeresspiegels im 21. Jahrhundert mit 66 cm (wenig gegenüber Hauser, viel gegenüber Singer). Der zweite Ausschuss im Jahr 1996 reduzierte die Schätzung auf 49 cm (mit der Variabilität von 13 bis 94 cm). Der dritte im Jahr 2001 gab nur eine Schwankungsbreite von 9 bis 88 cm an (und somit keinen wahrscheinlichsten Wert) und der letzte im Jahr 2007 schätzte den Anstieg weitaus nüchterner auf 14 bis 43 cm. Lange Jahre habe ich mich mit der Analyse von Zeitreihen beschäftigt und kritisiere deshalb diese Meinungsverschiebungen – mit Anwachsen der Datenmenge und mit komplizierter werdenden Vorhersagemodellen zur Schätzung der Parameter von Zeitreihen – keinesfalls. Ich kritisiere aber, dass aufgrund dieser Daten der Eindruck entsteht, dass die Situation immer dramatischer wird. Goklany zitiert aus einer Arbeit von Church und White aus dem Jahr 2006, es sei davon auszugehen, dass es bis zum Jahr 2100 zu einer Erhöhung des Meeresspiegels um 28 bis 34 cm kommen werde.[33] Das ist eine sinnvolle Schätzung.

Für ganz und gar fundamental – vor allem für den nicht wissenschaftlich orientierten Leser – erachte ich den Text des Professors der University of California J. M. Hollander mit dem Titel „Rushing to Judgement". Auch er erachtet „den Zyklus der Erwärmung und der Abkühlung als Teil des natürlichen Klimas der Erde über einen Zeitraum von Millionen von Jahren"[34] und sieht es deshalb als ganz natürlich an, dass sich die Erde in den letzten zwei Jahrhunderten erwärmt hat, wenn sie sich „in den vorangegangenen fünf Jahrhunderten abgekühlt hat"[35]. Viele von den wortgewaltigen Äußerungen über die globale Erwärmung, über ihre Ursachen und über die Folgen erachtet er als Aussagen, die mehr „auf der Politik als auf der Wissenschaft" begründet sind, denn die „wissenschaftlichen Unsicherheiten über diese Problematik sind mehr als enorm". Er fügt hinzu, dass „in der gegenwärtigen politischen Atmosphäre der legitime wissenschaftliche Disput über die klimatischen Veränderungen völlig im politischen Lärm untergeht". Die Begriffe wissenschaftlicher Disput und politischer (und ich würde auch den medialen hinzufügen) Lärm finde ich ausgezeichnet.

Hollander erinnert daran, dass „die Erde ohne Treibhausgase zu kalt wäre, dass alles Wasser auf unserem Planeten gefroren wäre und dass sich das Leben, so wie wir es kennen, überhaupt nicht entwickeln könnte"[36], aber gleichzeitig sagt er, dass die „empirische Wissenschaft nicht nachgewiesen hat, dass es eine unzweifelhafte Verbindung zwischen der Erhöhung des Kohlendioxidgehalts und der globalen Erwärmung gibt"[37]. Darüber hinaus argumentiert er, dass sich „die Temperatur auf der Erdoberfläche seit dem Jahr 1860 bis zum heutigen Tag nur um 0,6 °C erhöht hat, was keinesfalls mit dem Wachstum des Verbrauchs an festen Brennstoffen einhergeht, weil mehr als die Hälfte des Temperaturanstiegs vor dem Jahr 1940 erfolgt ist"[38]. Von 1940 bis 1980 hat sich die Erde nach Hollander sogar abgekühlt – um 0,1 °C –, sich aber dann in den zwei folgenden Jahrzehnten um 0,3 °C „erwärmt".

Interessant ist auch sein „regionales" Argument. Auf dem Territorium der „Vereinigten Staaten, die feste Brennstoffe ‚in großem Maßstab verbrennen', kam es nach dem Jahr 1930 zu einer weit größeren Abkühlung als irgendwo sonst auf der Welt", zu einer Erwärmung kam es dort nur bis in die 1930er-Jahre.

Die Schlussfolgerung von Hollander ist klar: „Im Laufe der dokumentierten menschlichen Geschichte überlebten und verbreiteten sich menschliche Wesen in klimatischen Zonen, die eine von der anderen weit unterschiedlicher waren als alles, was aufgrund der heutigen Diskussion über die Veränderungen der globalen Temperatur vorstellbar erscheint."[39] Das erachte ich als einen durchaus grundlegenden Gedanken.

In ähnlicher Weise fragt I. Brezina in seinem Artikel „Der Mythos vom wissenschaftlichen Konsens über die globale Erwärmung": „Warum werden die Stimmen von Fachleuten zum Schweigen gebracht, die die oberflächliche Vorstellung über die globale Erwärmung anzweifeln?"[40] Er verweist auf den tschechischen Klimatologen J. Svoboda, dem zufolge wir uns „in einer wärmeren Phase einer natürlichen Klimaschwankung befinden", mehr noch, mit dem Hinweis, dass „die heutige Erwärmung langsam abnimmt und sich die Erde abkühlen wird". Brezina fragt desgleichen, warum die Medien nicht den sogenannten „Heidelberger Appell" (aus dem Jahr 1992) und die sogenannte „Leipziger Deklaration" (aus dem Jahr 1996) erwähnen, die besagt, dass „entgegen der allgemeinen Überzeugung kein wissenschaftlicher Konsens über die Tragweite der Erwärmung besteht"[41], ebenso die sogenannte „Oregon-Petition" (aus dem Jahr 1998), die darauf begründet ist, dass „kein überzeugender Beweis dafür vorliegt, dass die von Menschen verursachte Freisetzung von Treibhausgasen eine katastrophische Erwärmung der Erdoberfläche und eine Klimaänderung bewirkt". Alle diese Dokumente wurden von Tausenden Wissenschaftern unterzeichnet. Ich zitiere auch den Präsidenten der Amerikanischen Meteorologischen Gesellschaft M. Ross, der sagt, dass „die Vorstellung, dass die Menschen bedeutsam zur globalen Erwärmung beitragen, der massivste Missbrauch der Wissenschaft ist, den ich jemals gesehen habe"[42]. Ebenso schreibt L. Motl: „Die Vorstellung, dass die klimatischen Änderungen von etwas verursacht sein könnten, das der Mensch produziert hat, ist geradezu naiv."[43] Er ist im Gegenteil davon überzeugt, dass es nicht möglich ist, sich von diesen „Dingen eine definitive Meinung zu bilden", und dass „die Theorie über die anthropogene globale Erwärmung nicht so getestet wurde, wie es die Wissenschaft verlangt"[44].

Der erwähnte „Heidelberger Appell" aus der Zeit des „Erdgipfels" in Rio de Janeiro im Jahr 1992 wurde ursprünglich von 425 Wissenschaftern unterzeichnet. Heute haben ihn mehr als 4.000 unterzeichnet und es befinden sich unter ihnen auch 72 Nobelpreisträger (ich habe darunter nicht nur Ökonomen wie G. Debreu, W. Leontief, H. M. Markowitz, J. Tinbergen entdeckt, sondern es hat mich geradezu gefesselt, dass ihn auch der außerordentlich interessante und produktive Futurologe Alvin Toffler und – wenn er nicht unter jedes Dokument seine Unterschrift setzt – Elie Wiesel unterschrieben haben).

In diesem „Heidelberger Appell" steht unter anderem auch das Folgende: „Der natürliche Zustand, von Zeit zu Zeit etwas idealisiert, den wir erreichen sollten, existiert nicht und hat wahrscheinlich auch nie existiert, am allerwenigsten seit dem ersten Auftreten des Menschen.

Wir bekennen uns voll zu den Aufgaben der wissenschaftlichen Ökologie für ein Universum, dessen Quellen analysiert, beobachtet und bewahrt werden müssen.

Wir fordern allerdings, dass diese Analyse, diese Beobachtung und die Bewahrung nach wissenschaftlichen Kriterien durchgeführt wird und nicht auf Basis von irrationalen Vorurteilen.

Wir warnen daher die Autoritäten, denen das Schicksal unseres Planeten anvertraut ist, vor Entscheidungen, die auf pseudowissenschaftlichen Argumenten und fehlerhaften oder irrelevanten Daten begründet sind.

Das größte Übel, das unsere Erde bremst, sind Unwissenheit und die Unterdrückung des Denkens, nicht die Wissenschaft, die Technologie und die Industrie, denn diese lösen die Probleme der Menschheit."

Dem ist wahrscheinlich nichts mehr hinzuzufügen.

Großes Aufsehen erregte – während ich diesen meinen Text schrieb – eine Publikation mit dem Titel „Summary for Policymakers", die noch vor der Veröffentlichung des gesamten Textes des 4. Sachstandsberichts der IPCC (Zwischenstaatlicher Ausschuss für Klimaänderungen der UNO) über dessen Inhalt informierte. Ende Jänner und Anfang Februar 2007 rief er auf der ganzen Welt großes Aufsehen hervor, weil er – aufgrund des bisher noch nicht veröffentlichten ganzen Berichts – „unabsehbare Veränderungen" des Klimas andeutete.

Dazu werde ich mich aus Unkenntnis des eigentlichen Berichts nicht äußern, aber ich erachte etwas ganz anderes für viel wichtiger. Es gibt ein alternatives Dokument, das sogenannte „Unabhängige Resümee für Politiker" („Independent Summary for Policymakers"), das – aufgrund der Daten des IPCC,

aber von diesem unabhängig – eine Gruppe von zehn bedeutenden Wissenschaftern aus sechs Ländern in den ersten Februarwochen des Jahres 2007
für das im kanadischen Vancouver beheimatete Fraser Institute ausgearbei-
tet hat. Neben diesen zehn Autoren wurden weitere 54 Wissenschafter aus
15 Ländern um eine eingehende Beurteilung dieses Konkurrenzresümees
gebeten. Auf die Frage, als wie fair und zuverlässig sie dieses „zweite" Resümee der Arbeit des IPCC – auf einer Skala von 1 bis 5 (je höher, desto besser
bewertet) – erachteten, bekam dieser umfangreiche und komplizierte Text
die Note 4,4, was – bei der ansehnlichen Anzahl unterschiedlicher Ansichten über dieses Thema in der heutigen Klimatologie – eine außerordentlich
gute Bewertung darstellt. Deshalb kann ich mich auf sie – als Laie – stützen.

Dieses alternative Resümee entstand, weil im „ersten" Resümee „die Untersuchung, die nicht der Hypothese der Erderwärmung durch Treibhausgase beipflichtet, nur ungenügend berücksichtigt wird" und weil „dort
verschiedene kontroversielle Fragen einseitig präsentiert werden"[45]. Als
das größte Problem erachten die Autoren, dass das „Summary for Policymakers" nicht von Wissenschaftern verfasst wurde, sondern das Ergebnis
eines Verhandlungsprozesses zwischen namenlosen Bürokraten – Dele-
gierten jener Länder, die dieses Projekt finanzieren – ist. Deren Auswahl
der Argumente „muss und kann nicht den Prioritäten und Absichten der
wissenschaftlichen Gemeinschaft Ausdruck verleihen"[46].

Für sehr strittig halten die Autoren auch die Tatsache, dass, auch wenn der
IPCC ein Verzeichnis aller teilnehmenden Wissenschafter anführt, nicht
klar ist, ob diese Wissenschafter der Endfassung des Textes zugestimmt
oder aber „ernsthafte Einwände erhoben haben". In der Vergangenheit war
es nämlich üblich, dass „ihre Einwände ignoriert wurden und ihnen im
Abschlussdokument dennoch gedankt wurde, wodurch der Eindruck er-
weckt wurde, dass sie zustimmen würden"[47].

Ich führe – wenigstens für mich – die wichtigsten Schlussfolgerungen jenes „Unabhängigen Resümees" an:

• „Das IPCC zieht nur begrenzt Aerosole, die Sonnenaktivität und die
   Ausnutzung der Landmasse durch den Menschen als Ursache der Kli-

maänderungen im 20. Jahrhundert in Erwägung", auch wenn es offensichtlich ist, dass aufgrund bestimmter Beweise „die Sonnenaktivität im 20. Jahrhundert ein historisch hohes Niveau erreicht hat"[48].

- „Es existieren historische Beispiele für eine große natürliche globale Erwärmung und Abkühlung in einer weit entfernten Vergangenheit. Die Erde befindet sich nun in einer wärmeren Zwischeneiszeit und die Temperaturen in der vorangegangenen Zwischeneiszeit waren höher als heute."[49] – „Die Argumente, dass Treibhausgase eine bedeutende Erwärmung hervorrufen können, sind ernst zu nehmen und es soll ihnen die entsprechende Aufmerksamkeit zuteil werden, wenngleich sich diese Argumente für diese Hypothese ausschließlich auf Computersimulationen stützen und keinesfalls auf formale theoretische Argumente."[50]

- „Der Treibhauseffekt ist eine unpassende, ungeeignete Metapher."[51]

- „Die Wachstumsrate der CO_2-Emissionen ist gleich schnell oder ein wenig langsamer als die Wachstumsrate der Weltbevölkerung"[52], was bedeutet, dass „in den letzten 30 Jahren die CO_2-Emissionen pro Kopf nicht zugenommen haben".

- „Die Aerosole nehmen im Zusammenhang mit dem Klima der Erde eine Schlüsselrolle ein. Ihr potenzieller Einfluss kann bis zu dreimal höher als der von CO_2 sein, aber das wissenschaftliche Verständnis ihres Einflusses bewegt sich in den Kategorien ‚gering' bis ‚sehr gering'."[53]

- „Die Sonnenaktivität war im 20. Jahrhundert im Kontext der vergangenen 400 Jahre außerordentlich hoch."[54]

- „Was die niedrigeren Schichten der Atmosphäre betrifft, so hat sich die Durchschnittstemperatur in den Jahren 1979 bis 2004 in ihnen von 0,04 °C bis 0,20 °C pro Jahrzehnt erhöht", was – extrapoliert – für das nächste Jahrhundert eine Steigerung „von 0,14 °C bis 0,58 °C pro Dekade ergibt".[55]

- „Die globale Durchschnittstemperatur von Erde und Meer hat in der Zeit von 1900 bis 1940 und wieder vom Jahr 1979 bis zum heutigen Tag einen wachsenden Trend aufgewiesen"[56], aber „die Bedeutung der Trends des Temperaturanstiegs wurde in den vorangegangenen Analysen des IPCC wahrscheinlich aufgebauscht"[57]. Die Autoren machen nachdrücklich darauf aufmerksam, dass „die Ergebnisse der Trendanalyse von der Wahl des statistischen Modells abhängen", worüber ich nach 15 Jahren Arbeit mit statistischen und ökonometrischen Modellen viel erzählen könnte.

- „Die Wahrnehmung vom Anwachsen extremer klimatischer Geschehnisse hängt mit der vermehrten Berichterstattung zusammen, und es gibt genügend Daten, um damit ihren Anstieg zu bestätigen."[58] Es wird dort sogar angeführt, dass die Ergebnisse in hohem Maß „von der Heranziehung eines außerordentlich heißen Sommers in Europa für diese Analyse" beeinflusst sind.

- „Im Verlauf der letzten Jahrtausende erhöhte sich der Meeresspiegel um 120 Meter, stabilisierte sich aber vor 3.000 bis 2.000 Jahren."[59] In den letzten 2.000 Jahren war die Veränderung beinahe null. „Die heutige Zeit zeigt, dass sich der Meeresspiegel global um 2 bis 3 mm pro Jahr erhöht."[60]

- „Die Gletscher der Alpen verschwanden vor 9.000 bis 6.000 Jahren" und „begannen erneut bis zum Jahr 1800 anzuwachsen". Erst dann begannen sie von Neuem zu schwinden, auch wenn ihr Rückgang in den letzten Jahren zum Stillstand kam.

- „Im Verlauf der letzten 100 Millionen Jahre waren die Temperaturen höher als heute und vor 50 Millionen Jahren waren sie sogar weitaus höher."[61] Die größte Vereisung fand vor 21.000 Jahren statt.

- „Die heutige Forschung lehnt die Hypothese der tausendjährigen ‚Hockeyschlägerbewegung' der globalen Temperatur ab, die als Grundlage für den 3. IPCC-Bericht im Jahr 2001 diente."[62]

- Auch aus dem 4. IPCC-Bericht geht hervor, „dass verschiedene Modelle Ergebnisse liefern, die sich um das Zehnfache unterscheiden"[63].

- Trotz aller Unsicherheiten scheint es wahrscheinlich zu sein, dass die Erhöhung von CO_2 und Temperatur „im Verlauf von 100 Jahren eine Erhöhung des Meeresspiegels um 20 cm (+/– 10 cm) verursachen wird"[64].

- „Die konzeptionellere methodologische Frage setzt die Stationarität des Klimas ohne Eingriffe durch den Menschen voraus"[65], was nicht der Realität entspricht, weil „das Klima Gegenstand natürlicher Veränderungen ist – im Zeitraum von Tagen und Jahrhunderten".

- Von grundsätzlicher Bedeutung ist für mich ihre wichtige Schlussfolgerung, dass „angesichts der existierenden Unsicherheiten die Zuerkennung der klimatischen Änderungen an den menschlichen Faktor eine Frage der Auffassung ist"[66].

- Gleichermaßen ist es für mich ein Schlüsselsatz, dass „es keine überzeugenden Beweise dafür gibt, dass gefährliche oder beispiellose Änderungen in Gang gesetzt worden sind"[67].

- Der Schlusssatz der Studie lautet: „Es gibt einen unvermeidlichen Unsicherheitsfaktor, in welchem Ausmaß der Mensch zu den zukünftigen klimatischen Veränderungen beitragen wird."[68]

Ich habe das Gefühl, dass man dies alles nicht übersehen kann. Eingehender analysiert den vorangegangenen Bericht auch M. Crichton[69]. Er tut dies durch eine Detailanalyse der einzelnen Sätze des Berichts, was mir sehr nahe steht. Man muss dabei die einzelnen Sätze und was aus ihnen folgt analysieren. Menschen machen das nicht oft so. Leider beanstandet niemand die Aussagen: „Das Klima ist teilweise vorhersagbar", „Der Stand der Wissenschaft ist heute ein solcher, dass es nur möglich ist, illustrative Beispiele möglicher Ergebnisse vorzulegen", „Bei jeder beliebigen Bewertung verbleibt ein subjektiver Faktor", „Langzeitvorhersagen des zukünftigen Klimas sind nicht möglich". Auf alle diese Sätze, die aus dem 3. Bericht der UNO stammen, weist M. Crichton hin. Genügt dies jedem meiner Leser? Für mich ist das sehr überzeugend.

All das vermittelt nicht nur eine zeitliche, sondern auch eine räumliche Dimension des Problems, weil es evident ist, dass es sich um Prozesse handelt, die sich in keinem Fall symmetrisch und gleichmäßig über die gesamte Erde ausbreiten. Wird eine eventuelle Erwärmung von Vorteil oder von Nachteil für alle oder für die Mehrzahl oder eine Minderheit sein? Es zeigt sich, dass es einigen zum Vorteil gereichen wird, einigen zum Schaden. Der Anstieg des Meeresspiegels kann für die Bewohner jener pazifischen Insel bedrohlich sein, über die M. Crichton so überzeugend in seiner „fiction" schreibt (ich füge hinzu, dass es sich nicht um „science fiction" handelt), aber der Temperaturanstieg kann auch dazu führen, dass ein riesiger Teil Sibiriens, der viele tausend Mal größer ist, bewohnbar wird. Der Wirtschaftsnobelpreisträger Th. C. Schelling sagt, dass „sich die Menschen jahrtausendelang über große Distanzen hinweg bewegt haben und damit auch unter völlig unterschiedlichen klimatischen Bedingungen. Die klimatischen Unterschiede waren weit größer als jene, die uns die beliebigen Modellprognosen zur globalen Erwärmung heute andeuten."[70]

Dies bringt auch Luboš Motl exakt zum Ausdruck: „Niemand kann erklären, warum es in den letzten 25 Jahren nur auf der Nord-, nicht jedoch auf der Südhalbkugel zur Erwärmung gekommen ist. Niemand kann erklären, warum sich die Ozeane zwischen 2003 und 2005 abgekühlt haben, warum sich Grönland seit den 1930er-Jahren abgekühlt hat, warum das Jahr 2006 um so viel kühler als das Jahr 2005 war, warum die globale Temperatur zwischen den Jahren 1940 und 1970 gesunken ist, wenn doch die Menschheit annähernd so viel Kohlenstoffdioxid emittiert hat wie heute."[71]

Als eine für mich völlig neue These erachte ich seine Erkenntnis, dass „nicht nur auf der Erde, sondern auch auf dem Mars, dem Jupiter, dem Saturn und sogar auf dem Pluto eine Erwärmung stattfindet!" Einer meiner Freunde sagte mir, wenn das wahr sei, wäre es vergebens, dieses Buch zu schreiben. Es würde genügen, auf 100 Seiten immer wieder diesen einen Satz zu wiederholen.

Angesichts des Entwicklungsstandes, der Verfügbarkeit von Ressourcen, aber auch der unterschiedlich hohen Organisationsfähigkeit der verschiedenen Staaten werden die einzelnen Länder und Regionen der Welt auf die beliebigen Änderungen unzweifelhaft erheblich ungleichmäßig reagieren. Darüber irgendwelche Schlussfolgerungen mit einem großen zeitlichen Vorlauf anzustellen wäre auffallend fehlerhaft.

Es wäre gut, wenn wir über all diese Dinge ernsthaft zu diskutieren beginnen würden, aber ohne das Diktat der politischen Korrektheit. Irgendwo habe ich einen Gedanken des Nobelpreisträgers für Physik Wolfgang Pauli gelesen, der sich mit einem anderen Thema, respektive mit einer anderen Theorie, befasst hatte: „Diese Theorie ist wertlos. Sie ist sogar nicht einmal nur schlecht." Die Theorie der globalen Erwärmung und die Hypothese von ihren Ursachen, die heute massiv verbreitet wird, ist möglicherweise schlecht, möglicherweise auch wertlos, aber in jedem Fall sehr gefährlich.

Kapitel 7

Was tun?

Die erste und eigentlich einzig vernünftige Antwort auf die Frage, die im Titel dieses Schlusskapitels formuliert ist, lautet: nichts, respektive nichts Besonderes. Es ist nötig, die spontane gesellschaftliche Entwicklung – die nicht von den Aposteln der absoluten Wahrheiten in Fesseln gelegt wird – laufen zu lassen, weil ansonsten alles noch viel schlimmer wird. Ein von keinem Genius und keinem Diktator planmäßig geordnetes Ergebnis als Folge des Handelns von Millionen selbstständig denkender Menschen ist unendlich besser als jede beliebige wissentlich konstruierte Entwicklung der menschlichen Gesellschaft.

Wie uns der Kommunismus gezeigt hat, nimmt es mit überheblichen menschlichen Ambitionen, Unbescheidenheit und fehlender Demut immer ein schlimmes Ende. Das System der menschlichen Gesellschaft ist zwar primär robust, es hat seine natürlichen Verteidigungsmechanismen und kann Verschiedenes „ertragen" (ähnlich wie auch die Natur), aber jeder Versuch, „Wind und Regen zu befehlen", hat sich bisher immer als sehr kostspielig, auf lange Sicht wirkungslos und darüber hinaus als ernste Bedrohung für die menschliche Freiheit erwiesen. Der Versuch der Environmentalisten kann nicht anders ausfallen. In jedem beliebigen komplexen System (wie etwa dem der menschlichen Gesellschaft, der Wirtschaft, der Sprache, der Rechtsordnung, der Natur, des Klimas usw., usw.) ist jeder derartige Versuch im Vorhinein zum Scheitern verurteilt. Diese Erfahrung hat die Menschheit bereits gemacht, und auf die verschiedensten „Aufstände der Massen" wie bei Ortega[1], die darauf immer wieder erneut vergessen wollten, darf sie nicht vergessen. In unserem Teil der Welt wissen wir das sehr gut oder sollten es zumindest sehr gut wissen.

Die Sozialisten auf der einen und die Environmentalisten auf der anderen Seite denken gewöhnlich, dass, je komplizierter ein System sei, es desto weniger sich selbst überlassen sein könne und dürfe, es desto mehr gelenkt, reguliert, geplant und konstruiert werden müsse. Das ist nicht wahr. Mises und Hayek (und mit ihnen die ganze österreichische Schule der Wirtschaftswissenschaften) haben uns gezeigt, dass es – möglicherweise für den einen oder anderen kontraintuitiv – genau umgekehrt ist. Nur einfache Systeme lassen sich steuern und konstruieren, nicht aber komplizierte.

Ein kompliziertes System darf und kann nicht durch einen menschlichen Plan, ein Projekt, eine Konstruktion (in Mises' Terminologie mittels „human design") wirksam organisiert werden, aber es kann – ordentlich und ohne tragische Fehler – einzig und allein durch die freie menschliche Tätigkeit („human action", wie übrigens das wichtigste Buch von Mises heißt) wahrhaftig geschaffen werden, was die Aggregation des Lebens von Millionen und Milliarden von Menschen ist. Das ist die grundsätzliche konzeptionelle Anleitung, die auch für environmentalistische Themen – einschließlich der globalen Erwärmung – gilt.

> *Wir sind keine Skeptiker angesichts der Erderwärmung, aber wir haben berechtigte Fragen angesichts des Umfangs der Erderwärmung, angesichts der Folgen der Erderwärmung und angesichts der geeigneten Reaktionen auf die Erderwärmung. Das bedeutet, wir sind Skeptiker angesichts der Vorschläge der Politik, eine Einstellung, die die Mehrzahl der Ökonomen mit uns teilt.[2]*
>
> P. Green, S. F. Hayward, American Enterprise Institute

Ich habe die „freie menschliche Tätigkeit", also die Freiheit, erwähnt. Das ist weder eine Phrase noch eine verpflichtende Glaubensdeklaration meinerseits. Wiederholt sage ich, dass es um die Freiheit geht, nicht um die Natur, auch wenn das gezielt verschwiegen wird. Immer wird uns „environmentalistisch" der Begriff „Umwelt" aufgezwungen. Über die Freiheit des Menschen spricht man aber nicht. Schon vor einigen Jahren habe ich empfohlen, lieber über „Umwelt für das Leben" zu sprechen, was diese Problematik zumindest ein wenig von der ausschließlichen Ausrichtung auf die Umwelt hin in Richtung gesellschaftliche Ordnung verschiebt. Ich stimme mit W. C. Denis vom amerikanischen „Liberty Fund" mehr als überein, der das völlig zutreffend formuliert hat: „Die beste Umwelt für den Menschen ist die Umwelt der Freiheit" („The best environment for man is the environment of liberty"). Ich bestehe darauf, dass man einzig und allein daran alle environmentalistischen Vorstellungen und alle ihre kategorischen Forderungen messen muss. Die heutige Debatte über die globale Erwärmung ist deshalb im Grunde genommen eine Debatte über die Freiheit. Die Environmentalisten wollen uns in allen möglichen und unmöglichen Dingen und Aktivitäten lenken und steuern.

---

*Das Recht, Kinder zu haben, sollte eine auf dem Markt
zu kaufende oder verkaufbare Kommodität des Einzelnen sein, aber vom Staat absolut limitiert.*[3]

Kenneth Boulding, Professor der Volkswirtschaft

Auf keinen Fall geht aus diesem meinem Text hervor, dass zugleich mit der Ablehnung der Substanz der environmentalistischen Vorschläge auch die Ablehnung des ökologischen Bewusstseins, der ökologischen Empfindsamkeit und der ökologischen Achtsamkeit einhergeht. Das soll nicht bedeuten, dass die Menschen nicht Tausende Handlungen ökologisch sensibler setzen könnten und sollten, also bei weitem besser, als sie es heute tun. Das bedeutet sogar nicht einmal, dass es nicht denkbar und erforderlich sei, eine verständnisvolle – was aber bedeutet: eine nicht-environmentalistische – Politik zum Schutz des Umweltschutzes zu haben. (Es ist wie die Notwendigkeit einer sozialen Politik, aber ohne Sozialisten.)

---

*Jeder Mensch sollte eine jährliche Quote von Kohlenstoffdioxid gratis bekommen. Er würde es mit dem Kauf von Gas,
Elektrizität und Benzin, Eisenbahn- oder Flugtickets verbrauchen. Genügt ihm das nicht, müsste er sich den Rest von jemandem zukaufen, der seine Quote nicht aufbraucht.*[4]

George Monbiot, britischer Journalist

Es ist nicht nötig, alles Mögliche und Unmögliche von oben her gewaltsam zu verbieten oder zu limitieren, oder nicht einmal – scheinbar liberaler – präventiv zu verteuern. Es ist überhaupt nicht nötig, das wirtschaftliche Wachstum zu bremsen, weil das allein die ökologischen Probleme löst (und auf lange Sicht endgültig beseitigt), und das – wie bereits in Kapitel 3 argumentiert wurde – mithilfe von zwei Hauptfaktoren, die mit dem wirtschaftlichen Wachstum untrennbar verbunden sind. Auf der einen Seite ist das der technische Fortschritt und dank ihm die Möglichkeit des sparsamen Umgangs mit der Natur, auf der anderen Seite der zunehmende Reichtum der Gesellschaft und die sich daraus ergebende Verschiebung der Nachfrage der Menschen von unentbehrlichen, „subsistenziellen" Dingen hin zu Luxusgütern, unter denen gerade der Umweltschutz auf einen der vordersten Plätze gehört. (Menschen verhalten sich bei Zunahme des Reichtums nicht nach Veblen, oder genauer: sie verhalten sich nicht nur nach Veblen – siehe dazu T. Veblens „Theory of the Leisure Class", erschienen bereits im Jahr 1899.)

Bleiben wir bei den Tausenden kleinen Dingen. Schalten wir unnötig brennende Glühbirnen ab. Heizen wir angemessen und „kühlen" wir noch angemessener, denn dazu genügt es, öfter das Fenster zu öffnen. Umgeben wir uns nicht mit überflüssigen „gadgets", also unnötigen, unsere Aufmerksamkeit und Konzentration eher zerstreuenden Elektrogeräten. Haben wir nicht die größtmöglichen Autos. Ich empfinde es als beleidigend, wenn öffentliche Verkehrsmittel in der tschechischen Umgangssprache pauschal als „socka", d. h. als Verkehrsmittel für sozial Schwache, abgestempelt werden. Maximalisieren wir unser Eigentum nicht mit der größtmöglichen Anzahl von Dingen, noch dazu, wenn sie aus größtmöglicher Entfernung herantransportiert werden müssen.

Vor Kurzem war ich in Japan in einer Stadt mit Mineralquellen namens Beppu auf der Insel Kyushu. Beim Abendessen rühmte man sich des guten Mineralwassers, das dort praktisch überall aus der Erde hervorsprudelt. Am nächsten Tag gab es ein Mittagessen an der örtlichen, nichtsdestoweniger sehr kosmopolitischen Universität und bekamen dazu – in gläsernen, also schweren, Flaschen, französisches Evian. Ich habe sehr intensiv darüber nachgedacht, wie ökologisch aufwendig es sein muss, normales Wasser rund um die Welt zu transportieren, von dem es gerade an diesem Ort mehr als genug gibt. Ich wage zu sagen, dass das nicht importierte Wasser auch besser ist. Genau darin liegt das Problem der Ökologie respektive des sorgsamen Umgangs mit der Natur.

Neben Tausenden kleinen Dingen müssen aber auch ein paar „große"
Dinge getan werden, Dinge, die einen grundsätzlichen Systemcharakter
haben, nicht Dinge, die spezifisch ökologisch sind. Es ist nötig, ein gesellschaftliches System zu schaffen (bzw. das heutige nicht zu stören oder ver-
kommen zu lassen), das fähig sein muss:

- mit seinen demokratischen politischen Mechanismen die menschliche Freiheit zu garantieren und
- mit seinen wichtigsten ökonomischen Mechanismen, das heißt mit dem
  Markt, mit funktionierenden Preisen und mit klar definierten Eigentums-
  verhältnissen, die ökonomische Rationalität zu sichern (was auch Wirtschaftlichkeit bedeutet), die mit der ökologischen Rationalität identisch
  ist und den einzigen Weg zu Prosperität (und zu Reichtum) darstellt.

Eine ausführliche Analyse dieser Fragen übersteigt die Möglichkeiten und
die Absichten dieses meines Textes, aber über die Ursachen der ökologischen Wirtschaftlichkeit oder vielleicht der Unwirtschaftlichkeit sagt uns
die kommunistische Erfahrung vieles. Es ist deshalb mehr als irrational,
wenn die Environmentalisten den Markt, die Preise, das Privateigentum
und das Profitmotiv kritisieren und ihnen die Schuld an den ökologischen
Problemen der gegenwärtigen Welt geben. Viele von uns wissen es theore-
tisch schon lange, aber die kommunistische Praxis hat vielleicht auch die
Übrigen überzeugt: Ohne Markt, Preise, Privateigentum und Profit lässt
sich weder mit dem Menschen noch mit der Natur gut umgehen.

*Versuchen Sie sich vorzustellen, dass Sie zwei Pfeiler nebeneinander
errichten, etwa 60 Meter hoch. An einem befindet sich ein Ventilator,
an dem anderen Rotorblätter eines Windkraftwerkes. Der Ventilator
wird von elektrischer Energie angetrieben, die in einem Kohle- oder
einem Atomkraftwerk hergestellt wird. Der Wind des Ventilators treibt
das Windkraftwerk an. Aufgrund der Tatsache, dass der Einkaufs-
preis des Stroms aus dem Windkraftwerk dreimal höher ist als der,
der den Ventilator antreibt, ist dieses Projekt ökonomisch sinnvoll. Es
amortisiert sich innerhalb von 11 Jahren und wirft dann Profit ab.*

Martin Říman, Minister für Industrie und Handel der Tschechischen Republik

Etwas anderes als diese Systemcharakter besitzenden Voraussetzungen sind konkrete ökologische Eingriffe. Ich spreche jetzt nicht über gewöhnliches, im eigenen Interesse des Menschen rational geformtes menschliches Verhalten, sondern über absolutistische Verbote chemischer Produkte (beispielsweise die unrühmliche Geschichte des DDT), über die maximalistische europäische Richtlinie REACH, über die verpflichtende Errichtung von Windkraftwerken (vor einiger Zeit bezeichnete sie jemand so schön als „Windräder"), über immer neue Obergrenzen für Autoabgase usw. Das Symbol all dessen ist allein das Kyoto-Protokoll über die globale Erwärmung, das ein evident fataler Irrtum ist, weil:

- es sich überflüssige Ziele setzt, denn in den Debatten über den Klimawandel gibt es zu viele Unsicherheiten,
- es Unlösbares löst, da weder exogene Einflüsse noch endogene Prozesse der Natur „gelöst" werden können,
- es das wirtschaftliche Wachstum unterbindet, das die einzige Garantie für die Beherrschung aller zukünftigen, auch ökologischen, Bedrohungen ist,
- es – auch wenn es eingehalten wird – keinen bedeutsamen Effekt haben wird,
- dadurch andere, weitaus größere, aktuellere und lösbarere Prioritäten der gegenwärtigen Welt aus unserer Aufmerksamkeit verdrängt werden.

Warum sollten wir unsere begrenzten Ressourcen für etwas zur Verfügung stellen, das in Wirklichkeit gar kein Problem darstellt, und die realen Probleme ignorieren, denen die Welt gegenübersteht, wie Hunger, Krankheiten, Mangel an Menschenrechten, Bedrohung durch Terrorismus und Nuklearkriege?[5]

Fred Singer, University of Virginia

S. F. Singer äußert in seinem bereits zitierten Artikel „The Climate Change Debate: Comment" grundsätzliche Einwände gegen die Bemühungen, „das Klima zu stabilisieren", was seiner Meinung nach absurd ist, weil „sich das Klima ständig ändert ... auch wenn es sich seit dem Beginn der Zeit im Durchschnitt nicht so sehr verändert hat".[6] Das Klima hat – in seiner Gesamtheit – „eine bemerkenswerte Stabilität aufgewiesen, auch wenn es zu enormen Veränderungen des Volumens an Treibhausgasen wie Kohlendioxid in der Atmosphäre kam (vor 500 Millionen Jahren gab es in der Atmosphäre zehnmal mehr von ihnen als heute)". Deshalb erachtet er es als völlig verfehlt, das Klima mittels „der Stabilisierung der Treibhausgase in der Atmosphäre" konsolidieren zu wollen. Er teilt die Meinung des IPCC, dass, „wenn das Niveau des Kohlendioxids in der Atmosphäre unverändert bleiben soll, die weltweiten Emissionen um 60 bis 80 % reduziert werden müssten!"[7] Etwas Ähnliches schlägt aber nicht einmal das Kyoto-Protokoll vor, weil es evident ist, dass es unrealisierbar ist. Das Einzige, was dieses ungeheuer kostspielige und ambitionierte Projekt erreichen kann, ist „die Erhöhung des Niveaus der Treibhausgase um rund sechs Jahre hinauszuschieben". Der Effekt für das Klima als solches wird vollkommen unerheblich sein – es handelt sich dabei um maximal ein oder zwei Zehntelgrad Celsius, was gewöhnliche Thermometer nicht einmal messen können.

Ähnlich bewertet beispielsweise auch B. Lomborg einen möglichen Effekt des Abkommens von Kyoto. Im Gespräch für das bereits zitierte ICIS Chemical Business sagt er, „wenn das Kyoto-Protokoll für das ganze nächste Jahrhundert voll implementiert würde, dann könnten wir die globale Erwärmung nur um fünf Jahre hinauszögern. Die Temperatur, die auf der Welt ohne Kyoto im Jahr 2100 vorherrschen würde, würde es also erst im Jahr 2105 geben"[8].

Der nicht weniger bekannte P. J. Michaels sagt in seinem Artikel „Live with climate change" beinahe dasselbe: „Wenn jedes Land der Erde das Kyoto-Protokoll über die globale Erwärmung einhalten würde, wäre es möglich, dass die Temperaturerhöhung alle 50 Jahre um maximal 0,126 °F geringer ausfällt."[9] Seine Schlussfolgerung ist daher noch heftiger: „Klimatisch betrachtet erreicht Kyoto überhaupt nichts."

Ich habe Angst, dass jemand, der den Film von Gore gesehen hat, nichts davon weiß und dass er durch diesen Film keinerlei Kenntnis davon erlangen kann. Und gerade darum geht es. Es geht nicht um die fehlende Empfindsamkeit gegenüber der Natur. Ich stimme mit Michaels überein, dass wir mehr Zeit haben, als uns die alarmistischen Environmentalisten sagen. Auch seine Schlussfolgerung scheint mir glaubwürdig zu sein, dass nämlich „die globale Erwärmung zu einem konstanten Temperaturanstieg, aber nicht zu einer Beschleunigung dieses Anstieges führt. Das Tempo des Temperaturanstiegs liegt beachtenswerterweise konstant – seit dem Jahr 1975 – in der Höhe von 0,324 °F pro Jahrzehnt." Vor allem stimme ich seiner wichtigsten Schlussfolgerung zu: „Die beste Politik ist heute, mit dieser milden Klimaänderung zu leben und die wirtschaftliche Entwicklung zu unterstützen, durch die wir zu einer zukünftigen, weit effektiveren Technologie gelangen." Anders gesagt: Umweltschutz ja, Environmentalismus nein.

Was sollen wir also tun?

- Statt um die Umwelt sollen wir um die Freiheit ringen.

- Ordnen wir beliebige Klimaänderungen nicht grundsätzlichen Fragen über die Freiheit und die Demokratie unter (setzen wir die Bewegung der Durchschnittstemperatur nicht vor die Klammer).

- Anstelle der Organisierung der menschlichen Gesellschaft von oben ermöglichen wir es jedem, so zu leben, wie er es will.

- Erliegen wir nicht dem Reiz von Modethemen.

- Lassen wir die Politisierung der Wissenschaft nicht zu und unterliegen wir nicht der Täuschung des wissenschaftlichen Konsenses, der immer nur von der lauten Minderheit und niemals von der schweigenden Mehrheit erzielt wird.

- Seien wir gegenüber der Natur empfindsam und aufmerksam und fordern wir das konkret auch von jenen, die über die Umwelt am lautesten reden.

- Seien wir demütig gegenüber der spontanen Evolution der menschlichen Gesellschaft, glauben wir an ihre implizite Rationalität und versuchen wir nicht, sie zu behindern oder sie durch eine beliebige Richtungsänderung vom Weg abzubringen.

- Erschrecken wir einander nicht mit katastrophischen Vorhersagen und missbrauchen wir sie nicht zu Verteidigung und Durchsetzung von irrationalen Eingriffen in das menschliche Leben.

Eines der ersten Bücher, das ich zu Beginn der 1990er-Jahre veröffentlicht habe, trug den Titel „Ich mag keine katastrophischen Szenarien". Im Vorwort schrieb ich: „In unserer ein wenig unübersichtlichen Zeit will ich Optimismus, Selbstvertrauen und den Glauben an die eigene Kraft jedes Einzelnen verbreiten sowie in unserer ‚kollektiven' Fähigkeit einen Ausweg, eine positive Lösung finden." Darum bemüht sich auch dieses Buch.

Im selben Augenblick, in dem ich den letzten Absatz dieses Buches schrieb, gab die Agentur AP eine Nachricht heraus, derzufolge beim Zwischenstaatlichen Ausschuss der UNO der belgische Delegierte Julian Vandeburie die heutige Situation der Welt mit dem Münchner Abkommen im Jahr 1938 verglich und dafür folgende Worte gebrauchte: „Wir befinden uns in einem vergleichbaren Augenblick." Diese Leute verstehen wirklich überhaupt nichts.

Anhang Nr. 1

Antworten auf die Fragen des Repräsentantenhauses des Kongresses der Vereinigten Staaten von Amerika, Ausschuss für Energie und Handel, betreffend die Problematik des menschlichen Einflusses auf die globale Erwärmung und die Klimaänderungen.

1. *Soweit es darum geht, ob und wie der Mensch zu den Klimaänderungen beiträgt, und im Bewusstsein der Pflicht gegenüber unseren Bürgern: Was sollten Ihrer Meinung nach die Gesetzgeber in Betracht ziehen, wenn sie sich mit dem Klimawandel beschäftigen?*

Der sogenannte Klimawandel und vor allem der vom Menschen verursachte Klimawandel wurden zu einem der gefährlichsten Argumente, die auf die Beeinflussung des menschlichen Verhaltens und der öffentlichen Politik auf der ganzen Welt abzielen.

Es ist nicht mein Ziel, mit weiteren Argumenten zur wissenschaftlichen klimatologischen Debatte über diese Erscheinungen beizutragen. Ich bin aber davon überzeugt, dass die wissenschaftliche Debatte über dieses Thema bisher nicht ausreichend tief und seriös geführt wurde und dass sie deshalb den Gesetzgebern keine unumstrittene Basis für ihre Entscheidungen geboten hat. Was mich wirklich beunruhigt, ist die Art, wie die mit den Umweltbedingungen im Zusammenhang stehenden Themen durch verschiedene politischen Druck ausübende Gruppierungen zum Angriff auf jene Prinzipien missbraucht werden, die die Grundlage für eine freie Gesellschaft bilden. Es zeigt sich, dass wir in der Diskussion über die Klimaänderungen nicht Zeugen eines Streits der verschiedenen Ansichten über die Umwelt, sondern eines Streits der Ansichten über die menschliche Freiheit sind.

Als jemand, der den Großteil seines Lebens unter dem Kommunismus verbracht hat, fühle ich mich verpflichtet zu sagen, dass die größte Gefahr für die Freiheit, die Demokratie, die Marktwirtschaft und die Prosperität am Beginn des 21. Jahrhunderts nicht der Kommunismus oder eine seiner abgeschwächteren Varianten ist. Der Kommunismus wurde durch die

Gefahr eines ambitionierten Environmentalismus ersetzt. Diese Ideologie predigt, dass es ihr um den Schutz der Erde und der Natur geht, und unter diesem Motto – ähnlich wie früher die Marxisten – will sie die freie und spontane Entwicklung der Menschheit durch eine bestimmte Art der zentralistischen (nunmehr globalen) Planung der ganzen Welt ersetzen.

Die Environmentalisten erachten ihre Gedanken und Argumente als unanfechtbare Wahrheit und wenden raffinierte Methoden der Manipulation durch Medien und PR-Kampagnen an, um auf die Gesetzgeber Druck zur Durchsetzung ihrer Ziele auszuüben. Ihre Argumentation baut auf der Verbreitung von Angst und Panik auf und behauptet, dass die Zukunft der Welt ernsthaft bedroht ist. In einer solchen Atmosphäre zwingen sie den Gesetzgeber, unliberale Maßnahmen zu ergreifen, mutwillige Beschränkungen, Regulierungen, Verbote und Restriktionen der alltäglichen menschlichen Tätigkeiten durchzuführen, und die Bürger, sich der Entscheidung einer allmächtigen Bürokratie unterzuordnen. Um es mit einem Wort von Friedrich Hayek zu sagen, versuchen sie, die Freiheit, das spontane „menschliche Handeln", einzuschränken und wollen es durch ihr eigenes, sehr strittiges „menschliches Projekt" ersetzen.

Das Gedankenparadigma der Environmentalisten ist ganz und gar statisch. Sie lassen die Tatsache außer Acht, dass sich die Gesellschaft und die Natur in einem Prozess ständiger Veränderungen befinden, dass ein idealer Zustand der Welt nicht existiert und nie existiert hat, sofern es sich um die Natur, das Klima, die Verbreitung der Tierarten auf der Erde usw. handelt. Sie leugnen die Tatsache, dass das Klima seit der Existenz unseres Planeten einem Wandel unterworfen ist und dass es Beweise über erhebliche klimatische Veränderungen im Lauf der Geschichte gibt, die bekannt und dokumentiert sind. Ihre Überlegungen sind auf historisch kurzzeitigen und unvollständigen Beobachtungen begründet und auf Daten, die nicht die katastrophischen Schlussfolgerungen rechtfertigen, die sie anstellen. Sie übergehen die Komplexität der Faktoren, die die Entwicklung des Klimas bestimmen, und beschuldigen die gegenwärtige Menschheit und die ganze industrielle Zivilisation, eben diese entscheidenden Faktoren zu sein, die für den Klimawandel und für die weiteren Umweltrisiken verantwortlich sind.

Die Environmentalisten konzentrieren sich auf das Faktum, dass der Mensch zum Klimawandel beiträgt, und fordern augenblickliche politische Maßnahmen, die auf die Beschränkung des wirtschaftlichen Wachstums, des Verbrauchs und des menschlichen Verhaltens, das sie als riskant erachten, abzielen. Sie glauben nicht an die zukünftige wirtschaftliche Entwicklung der Gesellschaft, ziehen den technischen Fortschritt nicht in Betracht, an dem sich künftige Generationen erfreuen werden, und ignorieren die längst erwiesene Tatsache, dass, je größer der Reichtum einer Gesellschaft ist, desto besser auch die Qualität der Umwelt ist.

Die Gesetzgeber sind so genötigt, dieser medial entfachten Hysterie nachzugeben, die sich auf spekulative und unwiderlegbare Beweise vermissende Theorien gründet. Sie nehmen außerordentlich kostspielige Programme an, die deshalb zur Vergeudung beschränkter Ressourcen führen, um wahrscheinlich unaufhaltsame Klimaänderungen zu stoppen, die nicht von menschlichem Verhalten verursacht werden, sondern durch natürliche Erscheinungen (wie beispielsweise die veränderliche Sonnenaktivität).

Meine Antwort auf Ihre erste Frage, d. h., was Gesetzgeber in Betracht ziehen sollten, wenn sie sich mit dem Klimawandel befassen, ist, dass sich die Gesetzgeber unter allen Umständen an die Prinzipien halten müssen, auf welchen die freie Gesellschaft begründet ist. Sie sollten das Wahl- und Entscheidungsrecht nicht von den Bürgern auf irgendeine „pressure group" überführen, die behauptet, besser als alle anderen zu wissen, was gut für die Menschen ist. Die Gesetzgeber sollten das Geld der Steuerzahler sparen und davor bewahren, dass es für zweifelhafte Projekte vergeudet wird, die keine positiven Ergebnisse erbringen können.

2. *Wie sollte die Regierungspolitik die Existenz und die Folgen des Klimawandels lösen und bis zu welchem Maß sollte sie sich auf die Regulierung der Emission von Treibhausgasen konzentrieren?*

Jede beliebige Politik sollte das Potenzial, das unserer Zivilisation zur Verfügung steht, im Vergleich mit dem Wirken der Naturkräfte, die das Klima beeinflussen, realistisch bewerten. Es ist eine evidente Verschwendung von gesellschaftlichen Ressourcen, sich zu bemühen gegen die Erhöhung der

Sonnenaktivität oder die Bewegung der Meeresströmungen anzukämpfen. Kein Eingriff einer Regierung kann der Veränderung der Welt und der Natur Einhalt gebieten. Aus diesem Grund stimme ich nicht mit Projekten wie dem Kyoto-Protokoll und ähnlichen Initiativen überein, die sich willkürliche Ziele setzen, die, ohne realistische Aussicht auf Erfolg, ungeheure Kosten verursachen.

Wenn wir annehmen, dass die globale Erwärmung eine real existierende Erscheinung ist, meine ich, dass wir uns mit ihr auf ganz andere Art beschäftigen sollten. Anstelle der aussichtslosen Versuche, gegen sie zu kämpfen, sollten wir uns auf ihre Folgen vorbereiten. Falls sich die Atmosphäre erwärmt, hat das nicht ausschließlich nur negative Folgen. Während sich einige Wüsten vergrößern und einige Küsten vom Wasser überflutet werden können, könnten riesige Gebiete der Erde – bisher wegen des rauen, kalten Klimas unbewohnt – fruchtbare Gebiete werden, wo Millionen von Menschen leben können. Es ist auch wichtig, sich dessen bewusst zu werden, dass keine planetarische Veränderung über Nacht passiert.

Deshalb warne ich vor der Durchführung von Maßnahmen, die auf dem sogenannten Vorsorgeprinzip basieren, das die Environmentalisten als Rechtfertigung für ihre Empfehlungen heranziehen und dessen deutlichen Beitrag sie zu beweisen nicht in der Lage sind. Eine verantwortungsvolle Politik sollte die alternativen Kosten dieses Vorschlags in Betracht ziehen, im Wissen darüber, dass die kostspieligen und unwirksamen environmentalistischen Politiken auf Kosten anderer Politiken angenommen werden und dass sie zur Vernachlässigung von weiteren wichtigen Bedürfnissen von Millionen von Menschen auf der ganzen Welt führen. Jede politische Maßnahme muss auf der Analyse von Kosten und Erträgen begründet sein.

Die Menschheit hat bereits die tragische Erfahrung mit einer sehr hochmütigen, intellektuellen Strömung gemacht, die zu wissen behauptete, wie man die Gesellschaft besser lenkt, als die spontane Kraft des Marktes dies tut. Das war der Kommunismus. Er hat versagt und Millionen von Opfern zurückgelassen. Heute ist ein neuer Ismus aufgetaucht, der behauptet, fähig zu sein, die Natur und durch sie auch den Menschen zu leiten. Auch dieser übermäßige menschliche Hochmut muss – ebenso wie alle vorhergehenden Versuche – letztlich versagen. Die Welt ist ein komplexes und kompliziertes System, das sich nicht entsprechend der environmentalistischen menschlichen Projekte organisieren lässt, ohne dass sich die tragischen Erfahrungen der Verschwendung von Ressourcen, der Unterdrückung der menschlichen Freiheit und der Vernichtung der Prosperität der ganzen Gesellschaft wiederholen.

Meine Empfehlung ist daher, die Aufmerksamkeit auf Tausende Kleinigkeiten zu lenken, die die Qualität des Lebensraums negativ beeinflussen. Und die grundsätzlichen systemischen Faktoren, ohne die die Wirtschaft und die Gesellschaft nicht wirkungsvoll funktionieren könnten, zu schützen und zu unterstützen – d. h., die menschliche Freiheit und die fundamentalen wirtschaftlichen Mechanismen, wie den freien Markt, ein funktionierendes Preissystem und ein klar definiertes Eigentumsrecht, zu gewährleisten. Diese motivieren die Wirtschaftssubjekte zu rationalem Verhalten. Ohne dieses ist eine Regierungspolitik nicht in der Lage, Bürger und Umwelt zu schützen.

Die Gesetzgeber sollten den Rufen der Environmentalisten nach neuen Maßnahmen widerstehen, weil es in den wissenschaftlichen Debatten über den Klimawandel ziemlich viele Unsicherheiten gibt. Es ist nicht möglich, die natürlichen Faktoren zu beeinflussen, die die Klimaänderungen verursachen. Die negative Auswirkung aller vorgeschlagenen Maßnahmen gegenüber dem wirtschaftlichen Wachstum ist größer als alle möglichen Risiken, einschließlich der environmentalen.

3. *Welchen Einfluss werden die verschiedenen Szenarien einer politischen Lösung dieser Frage, mit der Sie sich beschäftigt haben, auf die einheimische Volkswirtschaft, auf die Verbraucher, auf die Schaffung von Arbeitsplätzen und zukünftige Innovationen haben?*

Falls die Gesetzgeber die maximalistischen Forderungen der Environmentalisten annehmen, dann wird der Einfluss auf die Volkswirtschaft vernichtend sein. Es würde vielleicht nur einen sehr kleinen Bereich der Wirtschaft stimulieren, der größere Teil aber würde an den künstlich geschaffenen Limits, Verordnungen und Restriktionen ersticken. Das Wirtschaftswachstum und die Konkurrenzfähigkeit der Firmen auf den internationalen Märkten würden sinken. Das hätte negative Auswirkungen auf die Beschäftigung und die Schaffung von Arbeitsplätzen. Nur eine rationale Politik, die eine spontane Anpassung ermöglicht, kann staatliche Interventionen begründen.

4. *Welche Auswirkung und welche Wirksamkeit werden die auf dem Prinzip von „Deckeln und Handeln" (sogenannte „cap-and-trade policies") gegründeten Politiken auf die Verringerung der Bedrohung durch die gesellschaftlichen und klimatischen Änderungen sowie auf unsere Fähigkeit, diesen Gefahren in der Zukunft zu trotzen, haben?*

„Cap-and-trade policies" sind ein technisches Instrument zur Durchsetzung von Zielen, die die Umweltverschmutzung begrenzen sollen, und zwar durch solche Mittel, die zumindest teilweise mit Marktmechanismen kompatibel sind. Sie können helfen, insofern der Gedanke des Kampfes gegen die globale Erwärmung rational ist. Ich bin allerdings nicht der Meinung, dass die Idee des Kampfes gegen den Klimawandel durch Emissionslimits vernünftig ist, weshalb die technischen Details ihrer eventuellen Realisierung für mich eine ganz und gar zweitrangige Bedeutung haben.

5. *Welche moralische Verantwortung haben die höher entwickelten Länder gegenüber Entwicklungsländern? Sollten sich die höher entwickelten Länder Programmen unterziehen, die ihre Emissionen bedeutend reduzieren würden, während die Entwicklungsländer mit der Erhöhung von Emissionen in unvermindertem Ausmaß fortfahren können?*

Die moralische Verpflichtung der höher entwickelten Länder gegenüber den Entwicklungsländern ist es, ein Umfeld zu schaffen, das den freien Austausch von Waren, Dienstleistungen und Kapitalflüssen gewährleistet, das es ermöglicht, die komparativen Vorteile der einzelnen Länder zu nützen und das die wirtschaftliche Entwicklung der weniger entwickelten Länder stimuliert. Künstliche, von den höher entwickelten Ländern eingeführte administrative Barrieren, Limits und Regulierungen diskriminieren die Entwicklungsländer, beschränken ihr wirtschaftliches Wachstum und verlängern ihre Armut und Rückständigkeit. Die environmentalistischen

Vorschläge sind ein Beispiel für solche unliberalen Maßnahmen, die für die Entwicklungsländer schädlich sind. Sie werden nicht in der Lage sein, mit den Limits und Standards umzugehen, die irrationale environmentalistische Politiken in der Welt einführen, sie werden nicht in der Lage sein, die neuen technologischen Standards, die von der „Antierwärmungs-Religion" gefordert werden, zu übernehmen, ihre Güter werden einen schwereren Zugang zu den höher entwickelten Märkten finden und als Folge davon wird sich die Kluft zwischen ihnen und den höher entwickelten Ländern weiter vergrößern.

Es ist eine Illusion, zu glauben, dass die radikalen Politiken gegen den Klimawandel nur auf die höher entwickelten Länder beschränkt werden könnten. Falls die Politik der Environmentalisten in den höher entwickelten Ländern umgesetzt wird, wird ihre Ambition nach der Kontrolle und der Lenkung des ganzen Planeten früher oder später in der Forderung gipfeln, die Emissionen auf der ganzen Welt zu begrenzen. Die Entwicklungsländer werden genötigt, ihre irrationalen Ziele und Beschränkungen zu übernehmen, weil „die Erde an erster Stelle steht", während ihre Bedürfnisse zweitrangig sind. Die environmentalistische Argumentation stellt Protektionisten jeder Art, die die Konkurrenz aus den neu industrialisierten Ländern eliminieren wollen, Munition zur Verfügung. Es ist deshalb die moralische Verpflichtung der höher entwickelten Länder, keine Programme solchen Typs einzuführen.

19.3.2007, Originaltext auf Englisch

Anhang Nr. 2

Krampfhafte Reaktion ökologischer Aktivisten

Dass der aktivistische Ökologismus (oder der ökologische Aktivismus) eher eine allgemeine Ideologie ist, die den Menschen, seine Freiheit, die Beziehung zwischen dem Einzelnen und dem Staat kontrolliert und die Menschen unter dem Vorwand einer erhabenen Idee manipuliert, als ein aufrichtiger Versuch der „nachhaltigen Entwicklung", des Schutzes von Grundelementen der Umwelt und der Suche nach rationalen Mechanismen, wie man es schafft, eine gute, lebenswerte Umwelt zu schaffen, ist jedem Beobachter dieses Phänomens in den letzten Jahrzehnten vielleicht schon völlig klar geworden. Dennoch kommt es zu Geschehnissen, über die man den Kopf schüttelt und bei welchen man sich daran erinnert, dass sie sich weder im stalinistischen Kommunismus noch in Orwells Utopie „1984" abgespielt haben.

Im Jahr 2001 publizierte der dänische Autor Bjørn Lomborg ein Buch mit dem Titel „The Skeptical Environmentalist" (das von der angesehenen Cambridge University Press herausgegeben wurde). Es handelt sich dabei um ein Buch, dass einem breiten Leserkreis durch seine Lesbarkeit und durch seine relative Einfachheit zugänglich ist. Es handelt sich um ein Buch, das eine umfangreiche statistische Studie über die Umweltsituation ist. Es ist ein Buch, das für den sich mit dieser Problematik beschäftigenden Leser nichts umwälzend Neues bringt, was er nicht lange schon anderswoher kennen würde. Es ist ein Buch, das zur Schlussfolgerung gelangt, dass eine Lösung der Umweltprobleme nur in einer reicheren und höher entwickelten Gesellschaft mithilfe von Wohlstand und Technologie möglich ist und dass die Lösung nicht in katastrophischen Szenarien liegt, die eine Verlangsamung des wirtschaftlichen Wachstums und der Entwicklung der menschlichen Gesellschaft fordern. Es ist ein optimistisches Buch, das es im Gegensatz zum traditionellen Pessimismus der Environmentalisten als etwas ganz anderes erscheinen lässt. Das Buch ist auch voller Informationen darüber, wie die Environmentalisten verschiedene Gefahren aufbauschen, einseitige Statistiken auswählen und die Öffentlichkeit desinformieren. Mir geht es in diesem Zusammenhang aber überhaupt nicht um eine Rezension dieses Buches.

Interessant ist etwas anderes. Texte dieser Art gibt es viele, aber keiner hat einen derartigen Gegenangriff provoziert und eine solche Gehässigkeit hervorgerufen. Das ist wahrscheinlich auch deshalb der Fall, weil der Autor einer von jenen Sympathisanten ist, die sich um den Umweltschutz bemühen, also einer, der von innen kommt. Dies rief unglaubliche Reaktionen und unglaubliche Versuche hervor, das Buch (bzw. den Autor) zum Schweigen zu bringen. Ich kann zumindest auf die Nennung eines Beispiels nicht verzichten. Das dänische „Komitee für wissenschaftliche Unehrlichkeit" (das ist ein Orwell'sches Wort) verurteilte das Buch, weil es „nicht dem Standard der guten wissenschaftlichen Praxis entspricht". Diese einseitige Meinung des Komitees voller Gegner von Lomborg rief zwar eine Reaktion in Form eines offenen Briefes von 300 dänischen Akademikern hervor, die gegen dieses Ergebnis protestierten, aber ähnliche Angriffe – völlig ungewohnt in einer Welt, in der täglich Hunderte qualitätvolle und weniger qualitätvolle Fachbücher erscheinen – werden weiter fortgesetzt.

Der bekannte Umweltaktivist Paul Ehrlich (der Autor des vielleicht heute schon in aller Augen absurden Buches „The Population Bomb" aus der Zeit von vor 30 Jahren) griff Cambridge University Press an, indem er dem Verlag vorwarf, keine standardmäßige Rezensionstätigkeit zu betreiben, was sich als völlig unwahr herausstellte und eindeutig widerlegt wurde.

Das alles weist darauf hin, dass die aktivistischen Ökologen nicht wollen, dass die Menschen Lomborgs Buch lesen, weil sie sich davor fürchten, dass in ihm sehr überzeugend gezeigt wird, wie sie mit den Fakten umgehen, und weil in ihm argumentiert wird, dass Wohlstand und Technologie die Wege zur Lösung der ökologischen Probleme seien, was dem genauen Gegenteil ihrer eigenen Position entspricht. Wie ist das möglich? Warum attackieren die gleichen Komitees zum Schutz der Ehrenhaftigkeit der Wissenschafter nicht die offensichtlichen Irrtümer exzentrischer Ökologen? Warum sagt Paul Ehrlich (und eine Reihe anderer) nicht, dass sie sich vor 30 Jahren total geirrt haben, als sie neomalthusianisch die weltweite Überbevölkerung schon vor dem Jahr 2000 vorhersahen? Warum gibt Paul Ehrlich nicht zu, dass er seine berühmte öffentliche Wette mit Julian Simon (die in Lomborgs Buch beschrieben ist) verloren hat, in der es darum ging, ob die Knappheit natürlicher Ressourcen dramatisch zu- oder abnehmen wird?

Von meiner Seite ist das kein Versuch einer Rezension des „skeptischen Ökologen". Es ist ein Nachdenken darüber, warum dieses Buch den Ökologen (Ökologisten, aktivistischen Ökologen, Environmentalisten, „Grünen") so viele Schmerzen bereitet hat. Das Buch sollte auch bei uns erscheinen und es wäre interessant zu sehen, was die Herren Patočka, Kužvart oder schließlich und endlich auch Moldán sagen würden. Ich werde es aufmerksam verfolgen.

Februar 2004

Anhang Nr. 3

Windkraftwerke als Ersatz

für das Atomkraftwerk Temelín?

Ausgewählte Eingangsdaten:

Max. Leistung AKWT* netto (d. h. ohne eigenen Verbrauch)	1.900 MW
Leistung eines klassischen Windkraftwerks	2 MW
Auslastung der max. Nennleistung WKW* in Deutschland 2006**	17 %
geplante max. Auslastung der Nennleistung der WKW in Tschechien**	23 %

---

* AKWT = Atomkraftwerk Temelín, WKW = Windkraftwerk

** D. h., während des ganzen Jahres 2006 erzeugten sämtliche WKW in Deutschland nur 17 % der gesamten installierten Leistung.

*** Es handelt sich dabei um die erwartete Auslastung des geplanten Baus von WKW in der Umgebung von Dukovany.

Eingangsvoraussetzungen für die Berechnung:

1. Zum Zweck eines Vergleichs wird ein WKW mit der
    maximalen Leistung von 2 MW ausgewählt.

2. Ausgewählt wurde der Typ „KV Venti 2 MW",
    der folgende Parameter aufweist:

Durchmesser des Rotors:	**90 Meter**
Masthöhe:	**105 Meter**
Eigengewicht des WKW:	**335 Tonnen**
Gewicht des Betonfundaments:	**1.472 Tonnen**

3. Zum Zweck der Berechnung wird ein Mindestabstand
    zwischen zwei WKW unter Berücksichtigung der
    technologischen Konstanten und Sicherheitsparameter
    beim Betrieb von WKW angenommen in der Länge von:
    50 Metern (d. h. Abstand zwischen den Masten = 140 m)

4. Gewählt wurde die Annahme der realen Auslastung der
    maximalen installierten Nennleistung von WKW in der
    von der durchschnittlichen Jahresleistung der WKW in
    Deutschland im Jahr 2006 abgeleiteten Höhe und der geplanten
    WKW in der Umgebung von Dukovany (siehe oben):
    20 %

5. Minimale Grundstücksgröße für den Aufbau eines WKW:
    2 Hektar

Zur Orientierung:

Zahl der WKW, deren maximale Leistung der
Leistung des AKWT entspricht: **950 Stk.**

Zahl der WKW, deren reale* Leistung der
Leistung des AKWT entspricht: **4.750 Stk.**

Anzahl der Tonnen an Material für die WKW,
die real* die Leistung des AKWT abdecken: **8,6 Mio. Tonnen**

Benötigte Fläche für die WKW,
die real* die Leistung des AKWT abdecken: **95 km²**

Länge der Reihe der WKW, die real*
die Leistung des AKWT abdecken: **665 km**

---

*   Die angenommene Auslastung ist in Anbetracht des nicht konstanten Windes nicht gleichmäßig über das Jahr verteilt, d. h., es handelt sich dabei nicht um ein reales Äquivalent der Leistung des AKWT, die im Gegensatz zum WKW sehr stabil ist.

Mögliche Interpretation dieser Orientierungskalkulation:

Bei konservativ berechneten Voraussetzungen (zum Vorteil des WKW) würde die Leistung des Atomkraftwerks Temelín durch die Errichtung von 4.750 Windkraftwerken ersetzt werden, für deren Aufbau 8,6 Mio. Tonnen Material gebraucht würden. Für den Fall, dass diese nebeneinander aufgestellt würden, ergäbe dies eine Reihe in der Länge von 665 km mit einer Höhe von 150 Metern, d. h. ca. die Entfernung von Temelín nach Brüssel!

Überdies zieht dieser Vergleich nicht die Tatsache in Betracht, dass die Stabilität der realen Auslastung der Windkraftwerke sehr niedrig ist, daher ist für die reale Sicherstellung der Energieversorgung in der gegebenen Region immer eine klassische Ersatzeinrichtung nötig.

Rede auf der UNO-Konferenz zum Klimawandel *

Auch wenn es doch zum Klimawandel kommen würde, würde er weiterhin nur eins der konkurrierenden Themen bleiben, nicht ein Thema, das jedes andere verdrängt. Wir, die Politiker, wissen, dass wir handeln müssen, wenn es notwendig ist. Es ist unsere Pflicht, politisch organisierte Maßnahmen zu den Problemen, die eine Bedrohung für die Menschen unserer Länder darstellen könnten, zu initiieren. Es wird von uns erwartet, Bündnisse mit Kollegen aus anderen Ländern zu schließen, wenn ein Problem nicht innerhalb unserer Staatsgrenzen „begrenzt" bleiben kann. Dies ist einer der Hauptgründe für die Existenz von Organisationen wie die Vereinten Nationen.

Wir müssen „kühl" und rational bleiben. Wir müssen die Aktivitäten beurteilen und in Frage stellen, die in letzter Zeit zur vorherrschenden Mode geworden sind. Wir müssen dazu klar Stellung nehmen, auch wenn wir wissen, dass es sehr unpopulär und – besonders für einen Politiker – eher „teuer" sein wird. Es muss jedoch getan werden. Ich gratuliere dem Generalsekretär Ban Ki-moon zu dieser Konferenz und danke ihm für die Gelegenheit, dieses Thema ansprechen zu können. Die Folgen der Anerkennung der globalen Erwärmung als eine reale und vom Menschen verursachte Bedrohung wären so fatal, dass wir verpflichtet sind, mehr als verantwortlich zu handeln. Ich fürchte, dies ist nun nicht der Fall.

Einige Ausgangspunkte müssen geklärt werden, um dieses Problem in einen richtigen Kontext zu stellen.

1. Der Anstieg der globalen Temperaturen war – im Gegensatz zu den künstlich geschaffenen Vorstellungen – in den letzten Jahren, Dekaden und Jahrhunderten im historischen Vergleich sehr klein und in seinem realen Einfluss auf die Menschen praktisch unbedeutend.

---

* Konferenz zum Klimawandel, Organisation der Vereinten Nationen, New York, 24. September 2007.

2. Die hypothetische, mit der globalen Erwärmung verbundene Bedrohung hängt deshalb ausschließlich von Vorhersagen ab, nicht von sich auf Erfahrung stützenden Erkenntnissen. Diese Vorhersagen werden aufgrund relativ kurzer Zeitreihen von relevanten Variablen und mit der Hilfe von Prognosemodellen entwickelt, die sich nicht als allzu glaubwürdig erwiesen haben, wenn es darum ging, die vergangenen Entwicklungen zu erklären.

3. Es gibt einen ungelösten wissenschaftlichen Streit über die Ursachen des letzten Klimawandels. Ein objektiver Beobachter muss zugeben, dass beide Seiten des Konflikts – jene, die an die beherrschende Rolle der Menschen in den letzten Klimaänderungen glauben sowie die Anhänger der Hypothese über deren natürlichen Ursprung – Argumente anbieten, die stark genug sind, um von der nicht-wissenschaftlichen Gemeinschaft ernst genommen zu werden.

4. Als Folge dieses wissenschaftlichen Streits gibt es diejenigen, die sofortige Maßnahmen fordern, und diejenigen, die davor warnen. Wir müssen eine Wahl treffen. Eine rationale Reaktion ist jedoch in großem Maße von der Größe und der Wahrscheinlichkeit des Risikos und vom Ausmaß der Kosten seiner Vermeidung abhängig. Als ein verantwortlicher Politiker, als ein Ökonom, als ein Autor eines Buches über die Ökonomie des Klimawandels, mit allen erhältlichen Daten und Argumenten in der Hand, muss ich die Schlussfolgerung ziehen, dass das Risiko zu gering ist, dass die Kosten seiner Eliminierung zu groß sind und dass die Anwendung des fundamentalistisch-interpretierten „Vorsorgeprinzips" eine falsche Strategie darstellt.

5. Sogar die Politiker, die an die Existenz von (irgendeiner) globalen Erwärmung glauben, und besonders diejenigen von ihnen, die an ihren anthropogenen Ursprung glauben, sind uneins: Einige von ihnen ziehen die Vermeidung eines weiteren Klimawandels (sog. Mitigation) vor (und sind bereit, dafür Geld zu investieren), während andere sich auf die Adaptation, die Modernisierung, den technischen Fortschritt und auf die günstigen Folgen der künftigen Reichtums- und Wohlstandssteigerung verlassen (und öffentliche Gelder lieber darin anle-

gen wollen). Die zweite Alternative ist – meiner Meinung nach – unvergleichlich besser und verspricht viel mehr als die erste.

6. Das ganze Problem hat nicht nur seine Zeitdimension, sondern auch einen außerordentlich wichtigen räumlichen (oder regionalen) Aspekt. Dies ist vor allem hier, in der UNO, äußerst relevant. Unterschiedliche Einkommens- und Wohlstandsniveaus in verschiedenen Regionen der Welt machen weltweite Lösungen unmöglich und in hohem Maße diskriminierend. Die bereits entwickelten Länder haben kein Recht, den weniger entwickelten Ländern eine weitere Bürde aufzuerlegen. Die Versuche, ihnen für sie unadäquate ökologische Standards aufzuzwingen, sind unfair und sollten vom Menü der empfohlenen politischen Maßnahmen gestrichen werden.

Was sollte getan werden?

1. Die UNO sollte zwei parallele IPCCs vorbereiten und zwei unterschiedliche, konkurrierende Berichte veröffentlichen. Die Beseitigung des heutigen einseitigen Monopols einer Gruppe ist die conditio sine qua non jeder fruchtbaren Debatte in der Zukunft. Die Gewährung einer vergleichbaren Finanzierung der beiden Wissenschaftergruppierungen wäre ein guter Ausgangspunkt.

2. Jedem Land sollte es überlassen werden, einen eigenen Plan zur Bewältigung dieses Problems zu erstellen und zu entscheiden, welche Priorität ihm unter den anderen, konkurrierenden Zielen eingeräumt wird.

Wir sollten an die menschliche Vernunft und an das Ergebnis der spontanen Evolution glauben, nicht an die Tugend des politischen Aktivismus.

3.9.2007

Anmerkungen

Vorwort

1 Crichton M., Environmentalism as Religion, Commonwealth Club, San Francisco, 15.8.2003

2 Tennekes H., A Personal Call For Modesty, Integrity and Balance, Research Group Weblog, January 2007

3 Ebd.

4 Horner Ch. C., The Politically Incorrect Guide to Global Warming, and Environmentalism, Regnery Publishing, Washington, D.C. 2007

Kap. 1: Definition des Problems

1 Lomborg B., Speaking With a Skeptical Environmentalist, 2007 (http://www.icis.com/Articles/2007/02/12/4500653/speaking-with-a-skeptical-environmentalist.html)

2 Strong M., The Politically Incorrect Guide to Global Warming and Environmentalism, Regnery Publishing, Washington, D. C. 2007, S. 6

3 Monbiot G., The Guardian, 5.12.2006

4 Vorlesung vom 18.9.2006 an der New York University Law School

5 Kritische Anmerkungen zu dieser Hypothese aus christlicher Sicht siehe Scharper S. B., The Gaia Hypothesis: Implications for a Christian Political Theology of the Environment, Gross Currents, Summer 1994

6 zitiert aus: Horner Ch. C., The Politically Incorrect Guide to Global Warming and Environmentalism, Regnery Publishing, Washington, D.C. 2007, S. 213

7 Loužek M., Nepodléhejme zelenému mámení, in: Trvale udržitelný rozvoj, CEP, Praha 2004

8 Říman M., Evropská oteplovací hysterie, Hospodářské noviny, 19.3.2007

9 In Anlehnung an die kommunistische Kinder- und Jugendorganisation der Pioniere, in der rote Halstücher getragen wurden. [Anm. d. Übers.]

10 Brezina I., Ekologismus jako zelené náboženství, in: Trvale udržitelný rozvoj, S. 37–57, CEP, Praha 2004

11 Ebd., S. 43

12 Ebd., S. 53

13 Brezina I., Velekněz oteplovacího náboženství jenahý, Mladá fronta Dnes, 3.3.2007

14 Crichton M., Environmentalism as Religion, Commonwealth Club, San Francisco, 15.8.2003, S. 1 (http://www.michaelcrichton.net/speeches/speeches_quote05.html)

15 Bursík M., Nepodceňujme ekologická rizika, in: Chemická směrnice REACH, CEP, leden 2007

16 Ebd., S. 69

17 „Wie kühlt man Al Gore, den Apostel der Erwärmung, ab": Lomborg B., Rose F., Jak zchladit Al Gorea, vě rozvěsta oteplování, Hospodářské noviny, 22.1.2007

18 Ebd., S. 11

19 Petřík. M., Nepříjemná demagogie, Euro, Nr. 47, 2006

20 Ebd.

21 Ebd.

22 Gore Al, Earth in the Balance, Houghton Mifflin, Boston 1992

23 Gore Al, An Inconvenient Truth, Bloomsbury Publishing 2006

24 Ehrlich Paul R., The Population Bomb, Ballantine, New York 1968

25 Ehrlich Paul R., Harriman R., A Plan to Save Planet Earth, Ballantine, New York 1971

26 Bramwell A., Ecology in the 20th Century, New Haven 1989, S. 30

27 Staudenmaier P., Zelené křídlo nacistické strany a jeho historičtí předchůdci, Votobia, Olomouc 1999

28 Zitiert nach Bramwell, 1989, S. 36

29 Klaus V., Co je europeismus?, Mladá fronta Dnes, 8.4.2006

30 Noriega R. F., Struggle for the Future: The Poison of Populism and Democracy's Cure, AEI, Washington, D.C. 2006

31 Tupy M., The Rise of Populist Parties in Central Europe, CATO Institute, Washington, D.C. 2006

32 Ebd., S. 7

33 Siehe Staudenmaier, 1999, S. 10

34 Ebd., S. 12

35 Ebd., S. 13

36 Ebd., S. 14f

37 Ebd., S.15

38 Ebd., S. 17

39 Ebd., S. 18

40 Ebd., S. 30

41 Ebd., S. 21

42 Biehlová J. (= Biehl J.), Ekologie a modernizace fašismu na německé extrémní pravici, Votobia, Olomouc 1999

43 Ebd., S. 48

44 Ebd., S. 70

45 Ebd., S. 71

46 Tříska D., Ekonomická analýza neekonomických problémů – případ globálního oteplování: Nordhaus vs. Stern, 8.2.2007 (zatím nepublikovaný text)

47 Ebd., S. 6

48 Mises L., Lidské jednání, Liberální Institut, Praha 2006

Kap. 2: Ressourcen, ihre Erschöpfbarkeit und die unvertretbare Rolle der Preise

1 Meadows D. H. & D. L., The Limits to Growth, Potomac Associates, New York 1972

2 Simon J. L., The Ultimate Resource, Princeton University Press, 1981 (česky Největší bohatství, Centrum pro studium demokracie a kultury, Brno 2006, S. 69)

3 Siehe FN 2

4 Aranson P. H., „Wither the Nonprofit?", Vortrag gehalten auf der Konferenz der Mont Pelerin Society in Washington, D. C. im September 1998

5 Ebd.

6 Simon J. L., The State of Humanity, Blackwell, Cambridge MA 1995

7 Goklany I. M., The Improving State of the World, CATO Institute, Washington 2007

8 Ebd., S. 99

9 Ehrlich Paul R., The Population Bomb, Ballantine, New York 1968 sowie Ehrlich Paul R., Harriman R., A Plan to Save Planet Earth, Ballantine, New York 1971

10 Zitiert nach: Simon, 1981 (2006, S. 57)

11 Ehrlich, 1968

12 Lomborg B., Skeptical Environmentalist, 2001

13 Crichton M., Environmentalism as Religion, Commonwealth Club, San Francisco, 15.8.2003, S. 5 (http://www.michaelcrichton.net/speeches/speeches_quote05.html)

14 Hampl M., Vyčerpání zdrojů – skvěle prodejný mýtus, CEP, Praha, únor 2004

15 Ebd., S. 58

16 Ebd.

17 Goklany, 2007, S. 100

Kap. 3: Der Effekt des Reichtums und der Effekt des technischen Fortschritts

1 Schelling Th. C., Costs and Benefits of Greenhouse Gas Reduction, in: An Economic Perspective on Climate Change Policies, Washington D.C. 1996

2 Crichton M., The Case for Scepticism on Global Warming, National Press Club, Washington, D.C., 25.1.2005 (http://www.michaelcrichton.com/speech-ourenvironmentalfuture.html)

3 Manne A. S., Costs and Benefits of Alternative CO_2 Emissions Reduction Strategies, in: An Economic Perspective on Climate Change Policies, Washington D.C. 1996

4 Mendelsohn R., Williams L., Comparing Forecasts of the Global Impacts of Climate Change, in: Mitigation and Adoptation Strategies for Global Change, 2004

5 Mendelsohn R., A Critique of the Stern Report, Regulation, Winter 2006–2007, S. 44

6 Byatt I., Castles I., Goklany I. M., Henderson D., Lawson N., McKitrick R., Morris J., Peacock A., Robinson C. & Skidelsky R., The Stern Review: A Dual Critique, Part II. Economic Aspects, S. 203–204 (http://meteo.lcd.lu/global-warming/Carter/WE-STERN.pdf)

7 Schelling Th. C., Greenhouse Effect, The Fortune Encyclopedia of Economics, Warner Books 1993

8 Ebd.

9 Ebd.

10 Ebd.

11 Mendelsohn, 2006–2007, S. 44

12 McKitrick R. et al., Independent Summary for Policymakers, IPCC Fourth Assessment Report, The Fraser Institute, January 2007, S. 11

13 Grossman G. M., Krueger A. B., Environmental Impact of NAFTA, Working Paper No. 3914, Cambridge, MA, National Bureau of Economic Research 1991

14 Brown J., Travelling the Environmental Kuznets Curve, Fraser Forum, April 2005

15 Goklany I. M., The Improving State of the World, CATO Institute, Washington 2007

16 Ebd., S. 107

17 Ebd., S. 187

Kap. 4: Diskontierung und Zeitpräferenzen

1 Tříska D., Ekonomická analýza neekonomických problémů – případ globálního oteplování: Nordhaus vs. Stern, 8.2.2007, S. 3 (zatím nepublikovaný text)

2 Ebd., S. 5

3 Hayek F., The Use of Knowledge in Society, American Economic Review, Vol. 35, 1945

4 Klaus V., Ekonomie a ekonomika v kontextu ekologických problémů – dvacatero ekonoma v tezích, Centrum pro otázky životního prostředí, UK, Praha 2003 (původně z roku 1986)

5 Tříska, 2007, S. 7

6 Ebd., S. 8

7 Tříska, 2007

8 „Financial Times", 13.2.2007, S. 6

9 Nordhaus W., The Stern Review on the Economics of Climate Change, National Bureau of Economic Research, Working Paper No. 12741, Cambridge, MA 2006

10 Ebd., S. 6

11 Centrum pro ekonomiku a politiku – Zentrum für Wirtschaft und Politik [Anm. d. Übers.]

12 Hampl M., Sternova zpráva budí nedůvěru, Newsletter CEPu, Praha, únor 2007, S. 4

13 Ebd.

14 Bursík M., Nepodceňujme ekologická rizika, in: Chemická směrnice REACH, CEP, leden 2007, S. 70

15 Mendelsohn R., A Critique of the Stern Report, Regulation, Winter 2006–2007, S. 42

16 Percoco, M., Nijkamp P., Individual Time Preferences and Social Discounting: A Survey and a Meta-Analysis, The European Regional Science Association, Conference papers No. 06p345, 2007

17 Stern N., After the Stern Review: Reflections and Responses (http://www.hm-treasury.gov.uk/independent_reviews/stern_review_economics_climate_change/sternreview_index.cfm)

18 Mendelsohn, 2006–2007, S. 43

19 Byatt I., Castles I., Goklany I. M., Henderson D., Lawson N., McKitrick R., Morris J., Peacock A., Robinson C. & Skidelsky R., The Stern Review: A Dual Critique, Part II. Economic Aspects, S. 212 (http://meteo.lcd.lu/global-warming/Carter/WE-STERN.pdf)

20 Tříska, 2007

Kap. 5: Die Analyse von Kosten und Erträgen, oder der Absolutismus des Vorsorgeprinzips?

1 Singer S. F., Interview on the Issue of Global Warming, PB 5–TV, 12.3.2000

2 Bursík M., Nepodceňujme ekologická rizika, in: Chemická směrnice REACH, CEP, leden 2007, S. 70

3 Peron J., The Irrational Precautionary Principle, The Freeman, April 2004, S. 39

4 Heberling M., It's Not Easy Being Green, The Freeman, September 2006

5 Simon J., The Ultimate Resource 2, Princeton University Press, Princeton 1996, S. 181

6 Klaus V., Modrá, nikoli zelená planeta, Dokořán, Praha 2007, S. 161

7 Mendelsohn R., A Critique of the Stern Report, Regulation, Winter 2006–2007, S. 45

8 Lomborg B., Speaking With a Skeptical Environmentalist, 2007 (http://www.icis.com/Articles/2007/02/12/4500653/speaking-with-a-skeptical-environmentalist.html)

9 Goklany I. M., The Improving State of the World, CATO Institute, Washington 2007, S. 167

Kap. 6: Wie ist das mit der globalen Erwärmung in der Realität?

1 Klima-Atlas Tschechiens [Anm. d. Übers.], Atlas podnebí Česka. Climate Atlas of Czechia. ČHMÚ, Univerzita Palackého v Olomouci, Praha – Olomouc 2007

2 Michaels J. P., Meltdown: The Predictable Distortion of Global Warming by Scientists, Politicians and the Media, CATO Institute, Washington, D.C. 2004

3 Singer S. F., The Climate Change Debate: Comment, World Economics, No. 3, 2006

4 Michaels J. P., A Review of Recent Global Warming Scare Stories, Policy Analysis, No. 576, CATO Institute, August 2006

5 Motl L., Pochybnosti o globálním oteplování, Lidové noviny, 24.2.2007

6 Crichton M., State of Fear, 2004 (česky Říše strachu, Knižní klub, Praha 2006)

7 Lamont N., Appeal to Reason, Centre for Policy Studies, 2006

8 Morris J., Popper, Hayek and Environmental Regulation, Fraser Forum, April 2005

9 Popper K., The Rationality of Scientific Revolutions, in: Problems of Scientific Revolutions, Oxford University Press, Oxford 1975

10 Morris, 2005, S. 13

11 Ebd., S. 14

12 Lomborg B., Skeptical Environmentalist, 2001 (česky Skeptický ekolog, Dokořán, Liberální institut, Praha 2006)

13 Siehe Anhang Nr. 2 des Buches

14 Motl, Lidové noviny, 24.2.2007

15 Goklany I. M., The Improving State of the World, CATO Institute, Washington 2007, S. 7

16 hockey stick graph [Anm. d. Übers.]

17 Motl, Lidové noviny, 24.2.2007

18 Crichton M., Our Environmental Future, National Press Club, Washington, D.C., 25.1.2005

19 Novák J., Klima se dramaticky otepluje. Přijde doba ledová?, Hospodářské noviny, IN journal, 11.1.2007

20 Ebd., S. 2

21 Balek J., Hydrological Cousequences of the Climatic Changes, Journal of Hydrology and Hydromechanics, No. 4, 2006, S. 357

22 Ebd., S. 368

23 McKitrick R., Is the Climate Really Changing Abnormally?, Fraser Forum, April 2005, S. 10

24 Ebd., S. 11

25 Singer S. F., Avery D. T., The Physical Evidence of Earth's Unstoppable 1500 Year Climate Cycle, Working paper No. 279, NCPA, Dallas, September 2005

26 Singer S. F., Avery D.T., Unstoppable Global Warming Every 1500 Years, Rownan and Littlefield Publishers, Lanham 2007

27 Interview mit Fred S. Singer, 12.3.2000, Nova Frontline, PBS-TV

28 Singer/Avery, 2007, S. 1

29 Ebd., S. 5

30 Zitiert aus Baliunas S., Reexamining Climate Change: Science, Economics and Policy, Conference Summary, AEI, Washington, D.C., December 2003, S. 2

31 Singer/Avery, 2007, S. 14

32 Horner Ch. C., The Politically Incorrect Guide to Global Warming, and Environmentalism, Regnery Publishing, Washington, D.C. 2007, S. 213

33 Goklany I. M., The Improving State of the World, CATO Institute, Washington 2007, S. 181

34 Hollander J. M., Rushing to Judgment, The Wilson Quarterly, Spring 2003, S. 64

35 Ebd.

36 Ebd., S. 65

37 Ebd., S. 66

38 Ebd., S. 67

39 Ebd., S. 74

40 Brezina I., Mýtus vědeckého konsensu o globálním oteplování, in: Chemická směrnice REACH, CEP, leden 2007, S. 62

41 Ebd., S. 64

42 Zitiert nach Ebd., S. 66

43 Motl L., Pochybnosti o globálním oteplování, Lidové noviny, 24.2.2007

44 Ebd.

45 McKitrick R. et al., Independent Summary for Policymakers, IPCC Fourth Assessment Report, The Fraser Institute, January 2007, S. 5

46 Ebd.

47 Ebd.

48 Ebd., S. 7

49 Ebd., S. 7

50 Ebd., S. 8

51 Ebd., S. 9

52 Ebd., S. 11

53 Ebd., S. 12

54 Ebd., S. 14

55 Ebd., S. 19

56 Ebd., S. 20

57 Ebd., S. 21

58 Ebd., S. 25

59 Ebd., S. 28

60 Ebd., S. 28

61 Ebd., S. 34

62 Ebd., S. 36

63 Ebd., S. 39

64 Ebd., S. 45

65 Ebd., S. 47

66 Ebd., S. 51

67 Ebd., S. 52

68 Ebd., S. 52

69 Crichton M., Our Environmental Future, National Press Club, Washington, D.C., 25.1.2005

70 Schelling Th. C., Greenhouse Effect, The Fortune Encyclopedia of Economics, Warner Books 1993

71 Motl, Lidové noviny, 24.2.2007

Kap. 7: Was tun?

1 Anspielung auf das Werk „La rebelión de las masas" (dt. „Der Aufstand der Massen") des spanischen Philosophen, Soziologen und Essayisten José Ortega y Gasset (1883–1955) [Anm. d. Übers.]

2 Hayward S. F., Green K. P, Scenes from the Climate Inquisition. The chilling effect of the global warming consensus, in: The Weekly Standard, 19.2.2007, Volume 012, Issue 22

3 Zitiert aus: Tucker W., Progress and Privilege: America in the Age of Environmentalism, 1. Aufl., Anchor Books 1982

4 Monbiot G., Drastic action on climate change is needed now – and here's the plan, in: The Guardian, 31.10.2006

5 Singer S. F., The Great Global-Warming Swindle (http://www.projo.com/opinion/contributors/content/CT_singer26_03-26-07_Q94UG9G.183dd5f.html)

6 Singer S. F., The Climate Change Debate: Comment, World Economics, No. 3, 2006, S. 1

7 Ebd., S. 4

8 Lomborg B., Speaking With a Skeptical Environmentalist, 2007 (http://www.icis.com/Articles/2007/02/12/4500653/speaking-with-a-skeptical-environmentalist.html)

9 Michaels J. P., Live with Climate Change, USA Today, 5.2.2007

Verzeichnis der verwendeten Literatur

Atlas podnebí Česka. Climate Atlas of Czechia. ČHMÚ, Univerzita Palackého v Olomouci, Praha – Olomouc 2007

Balek J., Hydrological Consequences of the Climatic Changes, Journal of Hydrology and Hydromechanics, No. 4, 2006

Baliunas S., Reexamining Climate Change: Science, Economics and Policy, Conference Summary, AEI, Washington, D.C., December 2003

Bate R., Morris J., Global Warming: Apocalypse or Hot Air?, AEI, Washington, D.C., May 1994

Biehlová J. (= Biehl, J.), Ekologie a modernizace fašismu na německé extrémní pravici, Votobia, Olomouc 1999

Bramwell A., Ecology in the 20th Century, New Haven 1989

Brezina I., Ekologismus jako zelené náboženství, in: Trvale udržitelný rozvoj, str. 37–57, CEP, Praha 2004

Brezina I., Mýtus vědeckého konsensu o globálním oteplování, in: Chemická směrnice REACH, CEP, leden 2007

Brezina I., Velekněz oteplovacího náboženství jenahý, Mladá fronta Dnes, 3. 3. 2007

Brown J., Travelling the Environmental Kuznets Curve, Fraser Forum, April 2005

Bursík M., Nepodceňujme ekologická rizika, in: Chemická směrnice REACH, CEP, leden 2007

Crichton M., Environmentalism as Religion, Commonwealth Club, San Francisco, 15.8.2003

Crichton M., Our Environmental Future, National Press Club, Washington, D.C., 25.1.2005

Crichton M., State of Fear, 2004, česky Říše strachu, Knižní klub, Praha 2006

Ehrlich Paul R., The Population Bomb, New York, Ballantine 1968

Ehrlich Paul R., Harriman R., A Plan to Save Planet Earth, New York, Ballantine 1971

Goklany Indur M., The Improving State of the World, CATO Institute, Washington 2007

Gore Al, An Inconvenient Truth, Bloomsbury Publishing 2006 (česky Nepříjemná pravda, Argo 2007)

Gore Al, Earth in the Balance, Boston, Houghton Mifflin 1992 (česky Země na misce vah, Argo 1994)

Grossman G. M., A. B. Krueger, Environmental Impact of NAFTA, Working Paper No. 3914, Cambridge, MA, National Bureau of Economic Research 1991

Hampl M., Sternova zpráva budí nedůvěru, Newsletter CEPu, Praha, únor 2007

Hampl M., Vyčerpání zdrojů – skvěle prodejný mýtus, CEP, Praha, únor 2004

Hayek F., The Use of Knowledge in Society, American Economic Review, Vol. 35, 1945

Hayward S. F., Green K. P, Scenes from the Climate Inquisition. The chilling effect of the global warming consensus, in: The Weekly Standard, 19.2.2007, Volume 012, Issue 22

Heberling M., It's Not Easy Being Green, The Freeman, September 2006

Helmer R., Climate Change Policy in the EU: Chaos and Failure, The European Journal, February 2007

Hollander J. M., Rushing to Judgment, The Wilson Quarterly, Spring 2003

Horner Ch. C., The Politically Incorrect Guide to Global Warming, and Environmentalism, Regnery Publishing, Washington, D.C. 2007

IPCC, Climate Change 2001: Synthesis Report: Third Assessment Report of the Intergovernmental Panel on Climate Change, Cambridge University Press 2002

Klaus V., Co je europeismus?, Mladá fronta Dnes, 8.4.2006

Klaus V., Ekonomie a ekonomika v kontextu ekologických problémů – dvacatero ekonoma v tezích, Centrum pro otázky životního prostředí, UK, Praha 2003 (původně z roku 1986)

Klaus V., Křečovitá reakce ekologických aktivistů, Newsletter CEPu, Praha, únor 2004

Klaus V., Modrá, nikoli zelená planeta, Dokořán, Praha 2007

Klaus V., O ekologii, ekologismu a životním prostředí, Lidové noviny, 9.2.2002

Lamont N., Appeal to Reason, Centre for Policy Studies 2006

Lomborg B., Skeptical Environmentalist, 2001 (česky Skeptický ekolog, Dokořán, Liberální institut, Praha 2006)

Lomborg B., Speaking With a Skeptical Environmentalist, 2007 (http://www.icis.com/Articles/2007/02/12/4500653/speaking-with-a-skeptical-environmentalist.html)

Lomborg B., Rose F., Jak zchladit Al Gorea, vě rozvěsta oteplování, Hospodářské noviny, 22.1.2007

Loužek M., Nepodléhejme zelenému mámení, in: Trvale udržitelný rozvoj, CEP, Praha 2004

Mach P., Sporná teorie globálního oteplování, Newsletter CEPu, Praha, únor 2007

Manne A. S., Costs and Benefits of Alternative CO_2 Emissions Reduction Strategies, in: An Economic Perspective on Climate Change Policies, Washington D.C., February 1996

McKitrick R., Is the Climate Really Changing Abnormally?, Fraser Forum, April 2005

McKitrick R. et al., Independent Summary for Policymakers, IPCC Fourth Assessment Report, The Fraser Institute, January 2007

Meadows D. H. & D. L., The Limits to Growth, New York, Potomac Associates 1972

Mendelsohn R., A Critique of the Stern Report, Regulation, Winter 2006–2007

Mendelsohn R., Williams L., Comparing Forecasts of the Global Impacts of Climate Change, in:

Mitigation and Adoptation Strategies for Global Change, 2004

Mises L., Lidské jednání, Liberální Institut, Praha 2006

Michaels J. P., Live with Climate Change, USA Today, 5.2.2007

Michaels J. P., Meltdown: The Predictable Distortion of Global Warming by Scientists, Politicians and the Media, CATO Institute, Washington, D.C. 2004

Michaels J. P., A Review of Recent Global Warming Scare Stories, Policy Analysis, No. 576, CATO Institute, August 2006

Monbiot G., Drastic action on climate change is needed now – and here's the plan, in: The Guardian, 31.10.2006

Morris J., Popper, Hayek and Environmental Regulation, Fraser Forum, April 2005

Motl L., Pochybnosti o globálním oteplování, Lidové noviny, 24.2.2007

Motl L., Polemika: Pochybení pana Metelky, Neviditelný pes, 2.3.2007

Nordhaus W., The Stern Review on the Economics of Climate Change, National Bureau of Economic Research, Working Paper No. 12741, Cambridge, MA, prosinec 2006

Novák J., Klima se dramaticky oteplu-je. Přijde doba ledová?, Hospodářské noviny, IN journal, 11.1.2007

Noriega R. F., Struggle for the Future: The Poison of Populism and Democracy's Cure, AEI, Washington, D.C., December 2006

Percoco, M., Nijkamp P., Individual Time Preferences and Social Discounting: A Survey and A Meta–analysis, The European Regional Science Association, Conference papers No. 06p345, 2007

Peron J., The Irrational Precautionary Principle, The Freeman, April 2004

Petřík. M., Nepříjemná demagogie, Euro, Nr. 47, 2006

Popper K., The Rationality of Scientific Revolutions, in: Problems of Scientific Revolutions, Oxford University Press 1975

Říman M., Nová evropská daň z energie, Newsletter CEPu, Praha, únor 2004

Říman M., Evropská oteplovací hysterie, Hospodářské noviny, 19.3.2007

Scharper S. B., The Gaia Hypothesis: Implications for a Christian Political Theology of the Environment, Gross Currents, Summer 1994

Schelling Th. C., Costs and Benefits of Greenhouse Gas Reduction, in: An Economic Perspective on Climate Change Policies, Washington D.C., February 1996

Schelling Th. C., Greenhouse Effect, The Fortune Encyclopedia of Economics, Warner Books 1993

Schelling Th. C., What Makes Greenhouse Sense?, Foreign Affairs, May/June 2002

Simon J. L., The State of Humanity, Cambridge, MA, Blackwell 1995

Simon J. L., The Ultimate Resource, Princeton University Press, 1981 (česky Největší bohatství, Centrum pro studium demokracie a kultury, Brno 2006)

Singer S. F., Interview on the Issue of Global Warming, PB 5–TV, 12.3.2000

Singer S. F., The Climate Change Debate: Comment, World Economics, No. 3, 2006

Singer S. F., The Great Global-Warming Swindle (http://www.projo.com/opinion/contributors/content/CT_singer26_03-26-07_Q94UG9G.183dd5f.html)

Singer S. F., Avery D. T., The Physical Evidence of Earth's Unstoppable 1500 Year Climate Cycle, Working paper No. 279, NCPA, Dallas, September 2005

Singer S. F., Avery D. T., Unstoppable Global Warming Every 1500 Years, Rownan and Littlefield Publishers, Lanham 2007

Staudenmaier P., Zelené křídlo nacistické strany a jeho historičtí předchůdci, Votobia, Olomouc 1999

Stern N., Stern Review (http://www.hm-treasury.gov.uk/independent_reviews/stern_review_economics_climate_change/sternreview_index.cfm)

Stern N., After the Stern Review: Reflections and Responses (http://www.hm-treasury.gov.uk/independent_reviews/stern_review_economics_climate_change/sternreview_index.cfm)

Strong M., The Politically Incorrect Guide to Global Warming and Environmentalism, Regnery Publishing, Washington, D. C. 2007

Tennekes H., A Personal Call For Modesty, Integrity and Balance, Research Group Weblog, January 2007

Tříska D., Ekonomická analýza neekonomických problémů – případ globálního oteplování: Nordhaus vs. Stern, 8.2.2007 (zatím nepublikovaný text)

Tucker W., Progress and Privilege: America in the Age of Environmentalism, 1. Aufl., Anchor Books 1982

Tupy M., The Rise of Populist Parties in Central Europe, CATO Institute, Washington, D.C., November 2006

Usoskin I. G. et al., Reconstruction of solar activity for the last millenium using 10 Be data, Astronomy & Astrophysics manuscript, September 2003

Carl Gerold's Sohn   Verlagsbuchhandlung